マルクスの思想と理論

伊藤誠

青土社

マルクスの思想と理論　目次

マルクスの思想と理論

はじめに

カール・マルクスは、一八一八年五月五日にドイツのトリールに生まれ、一八八三年三月一四日にロンドンで六四歳の生涯を閉じている。その思想と理論の奥深い豊かな輝きは、いまだに世界中の多くの人びとの関心をひきつけてやまない。二〇一八年のマルクス生誕二〇〇周年を記念して、世界中で多くのイベント、研究集会、出版、報道がもりあがっていたのもそのあらわれといえる。なぜであろうか。そこには多くの逆説もふくまれている。本書ではその秘密をあらためて探ってみたい。

ふりかえってみると戦争と革命の世紀といわれた二〇世紀、マルクスの思想と理論はあきらかに世界史の主旋律をなしていた。資本主義世界に生じた二度の世界大戦とその間の大恐慌の破壊的危機を克服し、資本主義にいたる階級社会の歴史をのりこえる社会主義への変革が、ロシア革命（一九一七）にはじまり、マルクス主義を基礎とする社会主義国家をあいついで誕生させ、そこに世界史の進歩の方向が示されていると考えられていたからである。しかし二〇世紀末、多くの人がまったく予期していなかった歴史の逆転が生ずる。二〇世紀型社会主義を代表していたソ連型社会が、東欧革命（一九八九）とソ連解体（一九九一）により崩壊したからである。

それによって資本主義の歴史的限界に批判的考察をすすめていたマルクスの思想と理論とは使命を終え、資本主義市場経済の勝利が最終的に確定されたとみなされがちであった。にもかかわらず、一九九九年秋にBBCオンライン世論調査で、終わろうとするミレニアム（千年紀）最大の思想家を選ぶアンケートで首位を占めたのは、カント、デカルト、ルソー、スミス、ケインズではなく、カール・マルクスであった。調査に偏りがあったのであろうか。むしろ新自由主義的資本主義のもとで、働く人びとの多くに不安と抑圧が増し、人間と自然に荒廃化が広がり、不安定で回復困難な多重危機が、資本主義の限界を根本から露呈しているところに、マルクスの批判的思索の現代的妥当性が実感されていることが、その調査結果にも示されていたのではなかろうか。実際、時代はまさに『資本論』といわれ、それがすなおに実感される事象や報道に接することも日常化しているように思われる。

それればかりではない。崩壊したソ連型社会主義は、ソ連で信じられていたように、ほんとうにマルクスの思想と理論にてらし妥当で唯一の科学的社会主義の道であったのかどうか。その成長がある期間にわたり可能であったのはなぜか。さらにそのゆきづまりと崩壊はなぜ生じたのか。それと対比して、中国の社会主義市場経済の建設路線は、どのように理解しうるか。市場経済と資本主義をともに自然的自由の秩序としてとりあつかう新古典経済学の考察枠組みでは、これらの問題に正確な解明は期待できない。ここでも実はマルクスの思想と理論とが省察の基準として現代的妥当性を発揮しうるのではなかろうか。

本書ではこうした一連の検討課題を念頭に、マルクスの思想と理論とが現代世界の資本主義と社会主義とに訪れている深刻な双対的危機の解明と克服とにいかに活かされうるか、またそこにどのような補整を要するかを、あらためてその形成、発展のあとをたどり、その集大成としての『資本論』の経済学の意義を重視しつつ、再考し吟味してゆきたい。

マルクスの主著『資本論』は、資本主義経済のしくみとその運動法則を、その特殊な歴史性とあわせて原理的に解明し、社会科学としての経済学の基礎を体系的にあきらかにしている。その理論体系は、しばしばマルクスの思想としての社会主義や歴史観としての唯物史観に依拠した、思想的理論ではないかと非難される。のみならず、ソ連型マルクス主義経済学は、マルクスによる経済学を唯物史観や社会主義思想によるものとみなしていた。

しかし、それらは誤解にもとづく見解であり、『資本論』の経済学の正確な理解によるものとはいえない。『資本論』の経済学の理論的基礎をなす価値論にしても恐慌論にしても、たんなる社会主義思想による資本主義の論難とは異なる。むしろ資本主義経済を自然的自由の秩序とみなす古典派経済学の思想的制約のもとにあった労働価値説では解けなかった剰余価値生産の原理や、周期的恐慌の必然性の解明を、資本主義経済の合理的しくみとその動態の客観的で学問的認識として、提示する試みをなしていた。宇野弘蔵は当時支配的であったソ連型マルクス主義経済学に抗して、『資本論』の経済学による社会科学としての経済学こそ、思想と理論、イデオロギーと科学との役割の相違を明確にしうる基礎となることを強調していた。

宇野理論の方法論的特徴のひとつといえるこうしたイデオロギーと科学の峻別論は、私にとっても、『資本論』による経済学の研究をすすめるうえでも、一九七〇年代以降における欧米マルクス・ルネッサンスのなかで、研究上の協力、交流をすすめるうえでも大きな支えとなってくれた。新古典派経済学、新リカード学派と対峙しつつ、その数理的手法も用いて欧米マルクス学派の研究がすすめられるなかで、ソ連型マルクス派と異なり、この宇野理論の側面は受容されやすかったように感じている。

とはいえ、宇野による思想と理論の次元の相違論は、マルクスについてもその後継をこころざす者にとっても、その両側面の相互補完関係の重要性を否認するものではなかったはずである。その相互補完関係の豊かで広い意義、内容は、おそらく社会科学としての経済学の理論と分析の課題をこえて、社会思想、哲学、社会学、歴史学、心理学などの諸領域にもおよぶ可能性のある諸課題を内包しているかもしれない。本書はそこにただちに立ち入ろうとするものではない。しかし、マルクスの思想と理論の現代的再考は、ソ連型マスクス主義の偏向をただし、社会主義思想と『資本論』の経済学の客観的科学としての認識との差異を区分するだけで十分とは思えない。社会主義思想の内容も現代的に問い直されているし、マルクスの価値論や恐慌論にそのことがどのような意味をもっているかも再吟味されなければならないであろう。『資本論』から宇野が学んだ要点としていた労働力の商品化の意義・内容にも、その観点から新たな現代的再考を要するところがありうる。

いずれにせよ、新自由主義的資本主義のもとで深化している人間と自然の荒廃化の人類史的危機からのわれわれの自己解放はいかに構想可能か。マルクスの思想と理論にたちもどりその問題に挑戦することは、こころおどる試みである。読者諸賢のご協力にも期待したい。

第1章　マルクスの思想と理論の形成と展開——そのヒューマニズムの奥行き

一九九九年秋、終わろうとしていたミレニアム（千年紀）最大の思想家を選ぶBBCオンラインの世論調査で、カール・マルクスが首位を占めた。その評価は、社会科学最大の古典といわれる主著『資本論』への畏敬の念をむろんふくんでいる。しかし、その主著もふくめ、マルクスの思想と理論の全体が、世界の人びとの広範な分野での思索と行動に与え続けている影響の大きさをも示唆している。

二一世紀をむかえても、資本主義世界には格差と不安定性が増し、人間と自然の荒廃化への憂慮がさらに深刻化している。資本主義のもとでの働く人びとの疎外と抑圧のしくみに根本的な考察を深め、その克服による人間解放をめざしたマルクスの思想と理論の形成と展開にあらためてたちもどり、その現代的意義を再考してみよう。

ことにその思想と理論の根底に流れ続けているヒューマニズムがどのような発想を継承し、いかに深化拡充されていったか。その意義を再考することから、マルクスの理論体系の基礎にどのような省察が加えられうるか。本章はこうした課題を念頭においている。

1　出発点としてのヒューマニズム

生い立ちと学位論文

カール・マルクスは、一八一八年五月五日にフランスに近いドイツの小都市トリールに生まれた。トリールは、ワインで有名なモーゼル地方の由緒ある古都で、ローマ時代には西方領域支配の重要都市とされ、その時代の黒い石造り三層の大門の上からの眺望がいまも観光客を集めている。父のハインリッヒは、ユダヤ教の律法学者（ラビ）であったが、キリスト教に改宗し、市の法律顧問官も務める弁護士であった。マルクスの生家は記念館になっていて、記帳書には日本からの訪問者もめだって多い。小さな中庭を囲んだ方形二階建ての落ち着いたたたずまいがドイツ社会民主党により大切に残されている。

二〇一八年はマルクス生誕二〇〇周年にあたっていた。トリール市では、その記念事業の一環として、ゼロ・ユーロ紙幣にマルクスの肖像をいれて三ユーロ（約四〇〇円）で販売した。資本主義のもとでの貨幣物神を批判したマルクスがなんと紙幣になるとは！という人気を集め、大増刷したとか。市内の信号機にもマルクスのイメージが赤や青に点灯していたという。重さ三トンもあるマルクス像も建設された。その資金は中国政府からという。一帯一路の延長なのだろうか。

一八三五年に一七歳でギムナジウムを卒業したマルクスは、ボン大学に入学したが、翌年ベルリン大学に再入学している。父親の意向もくんで法律学を専攻したが、もっぱら哲学と歴史に主要な関心をよせていった。

とりわけ、ドイツ古典哲学の頂点をなしていたヘーゲルの体系に深く傾倒し、後年、その主著『資本論』の第一巻第二版への後記でも、みずからを「あの偉大な思想家の弟子である」と述べている。ヘーゲルはすでに一八三一年に亡くなっていた。しかし、ドイツ観念哲学を総括して、精神現象、自然現象、および社会現象としての世界史や法体系にわたるすべてを、絶対精神(=理念)の自己疎外(外化)とそれをつうじての自己実現の必然的展開として、弁証法的に理解する、博学で壮大な哲学体系を構成していた。

その基本的動因におかれている絶対精神とはなにか。この問題をめぐり、ヘーゲル体系を継承する流れに分岐が生じつつあった。そのひとつの流れは、「現実的である一切のものは合理的であり、合理的である一切のものは現実的である」とする有名なヘーゲルの命題により、当時のプロイセン国家の社会秩序を、キリスト教の支配とともに合理化する論拠にヘーゲル哲学を活かす方向をとった。絶対精神は、そこでは自然と人間の創造主としてのキリスト教での神にかぎりなく近いものと理神論的に解釈され、教会を尊重する国家体制の合理性を保守的に主張する傾向がそこから導かれる。

もうひとつの流れは、すでにイギリスの市民革命やフランス革命をもたらした啓蒙思想におけるヒューマニズムにより、人間が本来共有している理性、自由な意識、主体的活動性こそが、合理的である一切のものをもたらす動因であるはずで、ヘーゲルの絶対精神もその観点から再解釈されてよいのではないか、といった問題を批判的に提起する方向にむかった。

たとえばフランス革命が、自由、平等、友愛といった人間に本来的な理念にてらし、絶対王政やそのもとでの身分制支配を批判し変革したことは、「現実的である一切のものは合理的である」とはかぎらないことを示していたのではないか。ヘーゲル哲学における矛盾の弁証法的展開の論理は、実はこうした人間主義的観点からのラディカルな現実社会の批判や変革への転用も可能としているとみなされたわけである。

そのような批判的哲学の可能性を追求していったヘーゲル左派は、当時、主としてキリスト教による中世以来の宗教的束縛からの人間解放を重視して宗教批判をすすめていた。ベルリン大学時代のマルクスは、一〇歳ほど年長のブルーノ・バウエルらと親交をむすび、そのようなヘーゲル左派の立場で思索を深めてゆく。とくにL・フォイエルバッハ『キリスト教の本質』（1841）に示された、人間に普遍的な思念や心情、たとえば愛が、たがいに大切な理念として外的に対象化され理想化されたところにキリスト教の神が生まれたのであり、神が人間を創造したのではないとする、ヒューマニズムの観点に立って、ヘーゲル哲学における理念の自己展開の弁証法における疎外論を、人間主義的唯物論に転倒する発想に、深く影響を受けた。

マルクスが一八四一年初めに執筆しイエナ大学哲学部に博士論文として提出し、学位をえた論文「デモクリトスとエピクロスの自然哲学の差異」（1841）は、ほぼこのようなヘーゲル左派の人間主義の観点でとりまとめられている。そこでは、アリストテレス以後のギリシャ哲学におけるデモクリトスとエピクロスの原子論の差異に注目し、エピクロスがデモクリトスと異なり、空虚中での原子の運動が直線からそれる偏りをも生じうるとしていることを高く評価し、自然哲学としての原子の自由な運動の姿に仮託しつつ、人間の自己意識の絶対性と自由を「ギリシャ最大の啓蒙家」として認識したエピクロス哲学に読みとっている。

『資本論』の「商品の物神的性格」をあつかう節で、本来の商業民族は、「エピクロスの神々のように」、古代世界の空所にのみ存在すると指摘されているところにも、この学位論文がこだましている。エピクロスでは、ギリシャの神々は、人間世界の外に住み、人間世界に意をもちいることはない。そこに、人間世界は神に動かされるのではなく、人間の唯物論的意識と行為が動かしているとする認識も示唆されている。それとの比喩で、古代世界の共同体的諸社会の直接的人間関係は、その外部のすきまに住む商業民族の商品取引にさして影響をうけずに労働の成果やその配分を維持しえていたと『資本論』のマルクスは、商品や貨幣の物神性のない社会関係の現実的意義を示しているわけである。

しかし、マルクスの学位論文は、強調したい人間の自己意識と自由の絶対性を、なぜギリシャ哲学における自然哲学の原子論に求めようとしたのか。またそれは自然界の基本と想定される原子の運動と人間の自由な自己意識のありかたについて、抽象的な対比ないし比喩をこえて、唯物論的な関連や共通の原理をあきらかにしえているのであろうか。あるいはそこに自然現象から人間の精神現象や社会現象まで、形而上学的な原理による総合を試みたヘーゲルの観念哲学における抽象的思索の傾向が、マルクスの依拠しようとしていた人間主義的唯物論を制約し、無理のある思弁を強いていたところはないであろうか。

そうした問題は残されているにせよ、この学位論文は、マルクスの学問的思索が、その発端から終始ギリシャ哲学以来ヘーゲルにいたる西欧哲学の豊かな水脈を基盤としていることを実感させる。と同時に、エピクロスを高く評価しつつ、人間に本来的な主体的自由な意識や意志を大切にするヒューマニズムをヘーゲル左派の唯物論の核心として、哲学史の水脈から読みとる試みをすすめていたと考えられる。

そのかぎりでは、生涯ドクター・マルクスとよばれ続けたにせよ、その学位論文はまだマルクスに特有の思想と理論を提示したものとはいえない。マルクスはいつ「マルクス主義者」になったのであろうか。少なくとも次節でみる、一八四五〜四七年ころの唯物史観の形成を待たなければならないであろう。その数年のあいだになにが生じたのか。

社会問題への適用の試み

まず、学位論文執筆中にすでにヘーゲル左派のなかで、才能あふれる有望な理論家とみなされていたマルクスを、ボン大学に招聘しようと企画していたバウエルがみずからの教職を失い、その企画が実現できなくなった。プロイセンの文部大臣に保守派のアイヒホルンが就任したためである。順調に哲学の教師になっていたら、後年のマルクスの思想と理論は生まれていたであろうか。いわば就活の思いがけない挫折が、この稀有の才能を開花させてゆく弁証法的転機になったのではなかろうか。

実際、その転機を経て、博士の学位取得後にマルクスは、一八四二年一月にケルンで発刊された『ライン新聞』に協力し、同年一〇月にはその主筆となり、当時のさまざまな社会問題について論説を執筆するにいたる。その三つの事例を（『マルクス・エンゲルス全集』第一巻、大月書店、一九五九年、により）みておこう。

第一に、一八四一年一二月に発布されたプロイセン政府の新たな検閲訓令が、文言上は文筆活動に自由を認めつつ、事実上は反動的検閲を固持し強化していることについて、マルクスはライン州議会での議事録を論評しつつ、批判的に考察を加えている。その骨子は、「プロイセンの最新の検閲訓令にたいする見解」（1842）にとりまとめられている。すなわち、検閲制度には、出版の自由を阻害し、思想と学問の自由を損なう恣意性がつきまとい、その制度の欠陥の根本的治療は、その制度の廃止にあるとされる。ここでも、人間の本来的に自由な意識や思索を尊重する観点から、検閲制度に内在する矛盾とその止揚（解決）を志向する当時のマルクスの発想が読みとれる。

そこには、現代の日本での教科書検定制度や、さらには大学教育にいたるまで、「標準化」を求める教育行政の姿勢にふくまれる、研究と教育の自由の束縛の深刻な欠陥に批判的再考をうながす示唆も多分にふくまれている。

第二に、ライン州議会での「木材窃盗取締法にかんする討論」(1842)に論評を加えたマルクスの論説も、注目に値する。そこでは、中世以来、慣習として容認され続けていた人びとの近隣森林での枯れ枝の日常的な採取と利用が、とつぜん近代的土地所有権の侵害とされ、窃盗罪で取り締まる法律が制定されたさいの議事を取り上げ、一般住民の伝統的生活基盤を尊重する立場から一連の批判が加えられている。

マルクス生誕二〇〇年を記念し日本でも上映されたフランス映画『マルクスとエンゲルス』の冒頭で、森林のなかでつれだって枯れ枝を集めている農民たちに騎馬警官が襲いかかり逮捕しようと蹴散らす印象的なシーンがあった。そのシーンは、この論説で、マルクスが問いかけている当時の社会問題を印象的に伝えていた。

のちの『資本論』での考察からすれば、「二重に自由な」労働者の労働力の商品化にもとづく資本主義成立の歴史的前提として、イギリスでは一六世紀以降、農民が伝統的に生活基盤としていた入会地や耕地の使用権を、土地所有者がときに警察力や兵力まで動員し暴力も用いて収奪し、排他的な近代的土地所有に転換して、牧羊場や近代的農場に囲い込み、農民を大量に無産の(土地などの生産手段から切り離された)労働者に転化してゆく、いわゆる資本の原始的蓄積過程が必要とされていた。それと同様の近代的で排他的な土地の私有地化が、後発的なドイツのライン地方にもこの当時及んでいたことになる。

第三に、当時、イギリスやとくにフランスから伝えられつつあった共産主義にどう対応するかという問題も扱われていた。アウグスブルク『アルゲマイネ・ツァイトゥング』紙が、『ライン新聞』について、共産主義に同調して、ベルリンの労働者住宅問題を批判的に扱った論文を掲載し、共産主義を紹介する学者の報告を記事にしていることを論難した。マルクスは一八四二年一〇月一六日付論説でこれにつぎのように反論している。

すなわち、『ライン新聞』は、「今日の姿における共産主義思想にたいしては、理論的な現実性さえ認めておらず、それの実現はなおさらねがっておらず、あるいはこれを可能とさえ考えることができない」。「しかし、ルルーやコンシデランの著書、とりわけプルードンの明敏な労作のような著書は、そのときどきの皮相的な思いつきによってではなく、長期にわたる、深遠な研究のあとではじめてこれを批判できる」とみなければならない。

この論説は『ライン新聞』の立場を主筆として代表して述べたものではあるが、当時のマルクス自身の見地を表明しているとみてよいであろう。その見地は、やがて共産主義ないし社会主義をこの当時のユートピア的（空想的）な発想から科学的（な論拠をそなえた）社会主義へ発展させてゆく、みずからの役割を予想させるものとはいえない。むしろそれにさきだつ検閲制度批判、木材盗伐問題批判の論説とあわせ、ヘーゲル左派の人間主義的自由主義者としての批判的知性の現実的社会問題への適用の試みを示しているにとどまる。

その試みはとくに検閲制度の不健全な矛盾、欠陥の避難には鋭く発揮されてはいる。しかし、土地所有の近代化が、農民の慣習的生活基盤を奪う破壊的作用をともなう物質的利害の対立を招いていた木材盗伐問題や、共産主義の可能性については、その意義を根底から理解し、位置づけるうえでは、それまでのマルクスのヘーゲル左派の哲学や歴史学の教養とそれにもとづく人間主義的自由主義では十分ではないところがあった。共産主義をめぐる論説ではさらに深遠な研究の必要を指摘していたように、マルクス自身もそれを実感し、ヒューマニズムのさらなる深化を模索していたにちがいない。

そこで、反動的検閲が強化されて急進的自由主義による『ライン新聞』に発禁のおそれがせまると、マルクスは一八四三年三月にその編集を辞任し、研究生活にもどった。

2 ヘーゲルとフォイエルバッハをこえて

ヘーゲル法哲学の批判

ついでその四三年六月にマルクスはかねて一八歳のころから婚約していた四歳年上のトリールの貴族の美貌の娘イエニー・フォン・ヴェストファーレンと結婚し、一〇月にはパリに移住している。イエニーの父親はシェイクスピアを暗唱し、社会問題にも関心をよせ、マルクスの知的才能を高く評価していた。後年の『資本論』にもシェイクスピアからの引用が印象的な箇所で活かされているのは、そのルードヴィヒ・フォン・ヴェストファーレン男爵ゆずりの教養をうかがわせるところである。

結婚してパリに移住したマルクスは、Ａ・ルーゲと協力し、『独仏年誌』を編集し翌四四年二月に刊行する。そこには二歳年下のフリードリッヒ・エンゲルスの「国民経済学批判大綱」とともに、マルクスの「ヘーゲル法哲学批判序説」（前掲『マルクス・エンゲルス全集』第一巻、所収）が掲載されていた。

ヘーゲルによると、絶対精神の自己展開が、人間相互の意識をつうじて顕現する近代社会の倫理は、家族、市民社会、国家の三層からなっている。家族は愛を精神の実体性とする成員の一体性に特徴づけられている。その家族が独立の特殊的で具体的人格として、多様な欲望の体系を充足させる社会的分業関係を形成するところに、市民社会ないしブルジョア社会が成立し、農業身分と商工業身分に分かれ、商工業身分では、ギルド的職業団体がその成員の生計を保障する役割をはたす。国家は、家族と市民社会との個別性と特殊性とをこえる理性的な精神としての政治的体制をなし、立法権、統治権、君主権などにわたる公法の体系をなしている。

マルクスはこうしたヘーゲルの法哲学について、まずその国家論をめぐり一八四三年夏に「ヘーゲル国法論（第二六一〜第三一三節）の批判」の詳細な草稿を準備し、ついでその年末から翌四四年一月にかけて「ヘーゲル法哲学批判序説」を執筆している。その過程でほぼつぎのような論旨が示される。すなわち、近代国家の法的諸関係は、ヘーゲルのように絶対精神の一般的発展から理解されるべきではない。フォイエルバッハによる人間主義的唯物論による宗教批判でも十分でない。「宗教が人間を作ったのではなく、人間が宗教を作ったように、国家制度が人民を作ったのではなく、人民が国家制度を作ったのである。」とくに民主主義の制度はそのことを明確にしている。

その観点からすれば、国家の法的諸形態は、むしろ家族と市民社会から成る近代社会の物質的生活諸関係に根ざしているとみなければならない。とくに市民社会としての物質的利害関係の現実的しくみやその内的矛盾の構造がたちいって解明されなければならない。「民衆のアヘン」であり幻想的幸福としての宗教を捨てろと要求することは、その幻想を必要とする状態を捨てろと要求することであり、現実世界の「苦界の批判」をはらんでいるはずである。それぞれが私有財産と生産手段を有する職人的生活を保障する分業を形成しているブルジョア社会としてのヘーゲルの市民社会像は、後発的ドイツにも及びつつある本格的な近代市民社会内部の階級対立を正確にとらえていない。ドイツ解放の積極的可能性は、近代社会の法的秩序の鎖につながれた市民社会の一階級としてのプロレタリア階級が、農民や職人身分の解体から広く形成されつつあるところに認められる。そうしたプロレタリア階級が私有財産の否定を要求したとしても、それはすでにプロレタリアの生活条件のうちに現に具現されているものを、社会の原理にまで高めているにすぎない。

こうしたマルクスのヘーゲル法哲学批判は、あきらかにヘーゲルの観念哲学はもとより、それを人間主義的唯物論に転換したフォイエルバッハの見地をものりこえる批判的試みにふみだしつつある。たとえば、宗教は人間が作ったのであり、その逆ではないとするフォイエルバッハの認識にとどまらず、宗教が「民衆のアヘン」として求められる現実世界の人びとの物質的生活における苦難が克服されなければ、宗教からの人間解放も実は達成されないと指摘されている。

現代世界においてもイスラム原理主義をはじめ、宗教が現存秩序のもとで不満をいだかざるをえない人びとに慰めを与え、変革を求めさせる役割は失われていない。むしろ増大しているとさえ感じられる。それはなぜか。一九八〇年の夏であったか、西欧マルクス派の指導的歴史家のひとりで日本にもファンが多い、E・ホブズボームの研究室をロンドンで訪ね、そのことを話題にした。ホブズボームもそのおりに示唆していたように、それは、おそらく二〇世紀型社会主義を代表していたソ連型社会が信認を失なうなかで、マルクスがここで期待していた現実世界の「苦界」の批判的克服が実際上ゆきづまっている結果生じている、歴史のねじれであり、世界史的事象ではなかろうか。

それはともあれ、当時のマルクスは、フォイエルバッハらによるたんなる人間主義による宗教批判をこえつつ、ヘーゲルによる市民社会ないしブルジョア社会の理解ものりこえつつあった。とりわけヘーゲルが、その市民社会ないしブルジョア社会のなかに一括して取り扱っていた農業身分と商工業身分のなかに、それらの特殊な職業身分の生活保障も失って、生産手段としての私有財産ももてず、ただ人間的権原だけをよりどころに人間回復を求めるプロレタリア階級が広く形成されつつあることに着目し、そのプロレタリア階級による私有財産否定の要求に理解と期待を深めている。その意味で、『ライン新聞』での論説にくらべ、共産主義ないし社会主義の発想にはっきり同調する立場を示すようになっている。

経哲草稿からドイツ・イデオロギーへ

それとともに、プロレタリア階級をふくみこんだ近代市民社会における物質的利害関係や社会関係のしくみの考察は、経済学によらなければならないことも、マルクスははっきりと自覚するようになった。その点では同じ『独仏年誌』によせられたエンゲルスの「国民経済学批判大綱」にも多大な示唆をうけている。

そこでマルクスはあらためて、スミス、リカード、シスモンディらの経済学の研究に着手し、一八四四年の四〜八月に『経済学・哲学草稿』を執筆している。この草稿は、全体としては、なおヘーゲル哲学の批判をフォイエルバッハの人間主義的唯物論にもとづき進展させることに主眼をおいている。とはいえ、「無神論の人間愛は、最初はただ哲学的な抽象的人間愛にすぎないが、共産主義の人間愛はそのまますぐに実在的であり、ただちに活動しようと緊張している」（マルクス 1844, 邦訳一三二ページ）と述べ、すでにフォイエルバッハの宗教批判の延長上に、共産主義による私有財産の止揚（克服）の主張を提示して、現実の社会関係にそくした人間の自己疎外からの解放の意義を積極的に認める観点をより明確に示すようになっている。

その直後にパリを訪れたエンゲルスと一〇日間いっしょに生活して、すべての理論領域にわたる見解の一致を見出し、その後全生涯にわたる厚い友情と協働がはじまった。さきにふれた映画『マルクスとエンゲルス』もその経緯を活写していた。

その協働作業の手はじめに、マルクスとエンゲルスは、その年の九～一一月にB・バウエルとその一派への批判『聖家族』を共同執筆して翌四五年二月に刊行している。マルクスは二六歳で初めての著書を公刊したことになる。そこでもエンゲルスとともに、ヘーゲル左派のバウエルらが、なお抽象的な個人主義的人間主義にとどまっており、プロレタリア階級の社会的・現実的な疎外からの解放をめざす社会主義ないし共産主義の意義を理解しえない限界を批判している。

こうした準備作業を経て、一八四五年三月には、マルクスはみずから依拠してきたフォイエルバッハ以降のヘーゲル左派の全面的な批判と自らの独自な唯物史観の形成にむかい、まず、「フォイエルバッハに関する一一のテーゼ」（マルクス、エンゲルス 1845-46, 訳書所収）を書いている。それにもとづき、四月にはほぼ完成した唯物史観をエンゲルスに説明している。ついでエンゲルスとの共同作業として草稿『ドイツ・イデオロギー』を同四五年九月から翌四六年夏にかけて執筆し、ともにそれまで依拠してきたヘーゲル左派の抽象的人間主義をのりこえる批判を展開しつつ、独自の唯物史観を提示する試みをおしすすめている。

フォイエルバッハに関するテーゼでは、「フォイエルバッハは宗教の本質を人間の本質へと解消する。しかし、人間の本質とは、個々の個人に宿る抽象物なのではない。それは、その現実の在り方においては、社会的諸関係の総体なのである」と指摘し、「あらゆる社会的生活は実践的である」とし、「哲学者たちはただ世界をさまざまに解釈してきたにすぎない。肝心なのは、世界を変革することである」と結んでいる。この重要な草稿が公刊されたのは、なんと執筆後四三年もたち、すでにマルクスも世を去って五年を経た一八八八年、エンゲルスの著書『ルートヴィヒ・フォイエルバッハとドイツ古典哲学の終焉』の改定別刷り本付録としてであった。

しかし、その衝撃は大きかった。「肝心なのは、世界を変革することである」という命題は、その後世界中の批判的知性に、「世界をさまざまに解釈してきたにすぎない」過去の哲学者たちの営為をどのように超えることができるかを問いかけ続けている。E・ホブズボームがその最後の論文集としての著書に『いかに世界を変革するか』(2010)という表題を掲げているのも、それに呼応する試みの現代的一例をなしている。マルクスにもとづくにせよ、社会思想や社会科学としての理論や実証による研究が、世界の変革にいかに貢献しうるか、それはけっして自明でも容易でもない問題をわれわれに与え続けている。本書でもこれを大切で奥の深い問いかけと考えて、いくつかの面から少しずつ解きほぐしてゆきたい。

こうしたマルクスによるフォイエルバッハ批判もうけて、『ドイツ・イデオロギー』には、たとえばつぎのような特徴的諸規定が示されている。

「言語は意識と同い年である。――言語は、実践的な、他の人間たちにとっても実存する、それゆえ私自身にとってもまた最初に実存する現実的な意識である。そして言語は、意識と同様、……他の人間たちとの交通にたいする欲求と必要から、初めて生じる。」(マルクス、エンゲルス

1845-46, 邦訳五七ページ)。「生産諸力のこの全般的な発展に伴ってのみ人間たちの全般的な交通が据えられる――したがって、一方では『無所有』の大衆という現象をあらゆる諸国民のうちに同時的に創出し(普遍的競争)、どの国民もが他国民の変革に依存するようにさせる。……共産主義は、経験的には、主要な諸国民の行為として『一挙的』かつ同時的にのみ可能なのである。」(同七二~三ページ)。「従来のどの歴史的諸段階にも常に現前した生産諸力によって条件づけられ、かつまた同時に生産諸力を条件づける交通形態、それが市民社会である。……この市民社会こそが全歴史の真の汽罐室であり舞台である。」(同七四ページ)。

こうした草稿『ドイツ・イデオロギー』が、またなかなか公刊されず、一九三二年にモスクワのマルクス・エンゲルス・レーニン研究所によりようやく公刊されたことも、おどろくべき史実である。この草稿にも豊かで多様な思索の展開が読みとれる。とくにマルクスをその社会思想や哲学の面から読むうえでは魅力あふれる文献をなしているといえよう。とはいえ、その観点からも、その草稿を唯物史観の形成過程として位置づけるさいには、あきらかにそこでの唯物史観はまだ生成の過程にありいくつかの問題を残していることが注意されなければならない。

第一に、生産諸力の発展に応ずる社会諸関係が、ここではすべて広く「交通」とみなされている。そこには人類史上古くから諸社会において用いられてきた言語やそれにともなう意識を介しての相互の意思疎通も、さらにそれにもとづく生産物の共同消費、互酬、再配分も、諸社会のあいだに生じていた商品交換も、さらには諸国民のあいだの生産物や人びとの場所の移動をもたらす交通も、すべてが抽象的に広く交通概念で包括されている。

それとともに第二に、共産主義もまた抽象的に主要諸国の一挙的で同時的変革を要するものとみなされている。その後の歴史的経験にてらしても、こうした世界同時革命のような展望は、理念としてはともかく、現実の社会変革としてはむしろそれぞれの国や地域での社会運動や変革をつうじて追求されなければならないことが慎重に配慮されなければならないであろう。

第三に、「市民社会」も人類史上さまざまな諸段階や地域に存在していた「全歴史の真の汽罐室」と抽象的にとらえられ、近代資本主義のもとでの全面的商品経済社会をなす近代以降の市民社会の特性が不明確にされるおそれを多分に残していたのではなかろうか。

マルクスは、これに続く著書『哲学の貧困』（1847）において、プルードンを批判しつつ、唯物史観を論争形式においてではあれ、はじめて公刊するさいに、右の第一の問題は補整し、封建社会から近代ブルジョア社会への発展にそくし、生産様式がそのなかで成長する生産諸力の成長にともない、やがて生産諸関係の変化を必然的に誘発すると述べ、「交通」概念に代えて生産様式ないし生産関係を歴史社会の基本とするにいたる。

3　人間の自己疎外の構造とその克服へ

マルクス思想の三源泉と唯物史観

こうしてみてくると、マルクスの思索の出発点は、フォイエルバッハによるヘーゲル哲学の人間主義的唯物史観への転倒におかれていた。しかしマルクスは、その観点で、ギリシャ自然哲学のなかでのエピクロスの原子論の人間主義的再解釈で学位をえたのち、『ライン新聞』での主筆として論説を書くなかで、フォイエルバッハの人間主義による宗教批判だけでは、現実の物質的経済生活において、生活基盤を奪われてゆく人びとの困窮からの解放は果たされえないこと、その根本的解決を求める共産主義ないし社会主義の主張の意義もあきらかにできないことに気づき、批判的反省を深めていった。

その過程で、人間の本質は、個々の個人に宿る抽象的人間性にとどまらない、「社会的諸関係の総体」であると認識されてゆく。それとともに、近代のブルジョア社会としての市民社会における物質的社会諸関係の総体は、むしろ経済学において研究され、解明されなければならないことも明確にされていった。その社会関係のもとで、とりわけ私有財産を十分もてない、無所有のプロレタリア階級がきびしい競争のもとで、みずからの労働の成果からも、その人間的本質からも疎外されている労苦や貧困のうちにこそ、私有財産制度を克服してゆく、共産主義ないし社会主義の可能性が育まれていることに理解を深めてゆく。

そのような近代ブルジョア社会にいたる人類史の展開の総体を生産力の発展にともなう社会諸関係、とくに生産諸関係の総体の変化、発展の結果として総括し、そうした経済的下部構造の発展に、政治的、法律的、思想的な諸社会の上部構造も対応して変化してきたことを、マルクスは独自の批判的史観として形成していったのであった。

その唯物史観は、レーニン(1913)が後に指摘しているように、一九世紀初頭にいたる西欧啓蒙思想の発展をそれぞれに代表していたドイツの古典哲学、イギリスの古典派経済学、およびフランス社会主義の三潮流を源泉として継承し、新たに独自の世界観を提示するものとなっていた。むろんその三潮流は、近代市民社会の生成過程において、啓蒙思想における人間性の自由で平等な解放に期待するヒューマニズムを共有していた。しかし同時にそれぞれの人間主義がなお抽象的で、近代ブルジョア社会のなかで期待される自由と平等が、封建的身分社会からも教会や神の支配からも人びとが解放されながら、なぜ実質的に自由も平等も容易に達成されえない社会諸関係のもとにおかれ続けているのか、十分な批判的理解をすすめていたとはいえない。

マルクスは、もともとアリストテレスからヘーゲルにいたる西欧哲学の奥の深い思索の歩みのなかで、対立する矛盾からその止揚(解決)が生じる弁証法の論理体系に惹かれていた。加えて、ヘーゲルの理神論的観念哲学の限界を突破したフォイエルバッハの宗教批判の人間主義に強く影響をうけて学位論文を仕上げたのであったが、それに続き現実社会における自由と平等の実現困難をめぐり、イギリス古典派経済学とフランス社会主義に考察を深め、それらの成果と限界にも批判的検討をすすめ、みずからの独自の唯物史観を構築するにいたったのである。

その過程で、マルクスのヒューマニズムはあきらかに啓蒙思想における自然主義的で抽象的な人間中心主義をこえる、人類史的な奥行きを深めている。その意味では、学位論文でのように、自然現象と人間の意識や行為をつらぬく原理を形而上的に探る発想からも、フォイエルバッハにおけるような人間の自然的心情に宗教批判の根拠をおく、抽象的人間主義的唯物論からも遠ざかるにいたる。

すでに封建社会までの身分制社会から解放されて、自由と平等を理念としている近代ブルジョア社会のなかにも、民衆のアヘンとしての宗教に慰めと救済を求めざるをえない多数の人びとがとくにプロレタリア階級として存続しているのはなぜか。そこには、人間の本質が、諸個人のうちに自然に内在している抽象物ではなく、社会諸関係の総体をなし、人類史上、多くの階級諸社会において、働く人びとの大多数を不自由で不平等な立場に位置づけてきた制約が、近代市民社会にも事実上継承されているところがあるのではないか。

そうであるならば、近代ブルジョア社会としての市民社会の秩序も、そのもとでのプロレタリア階級の生活の不安や困難も自然で本来の人間の本質にもとづきただちに理解され、解消できるものではない。むしろ私有財産による不平等、不自由の枠組みを克服する社会への変革を求める共産主義ないし社会主義にこそ、人間の現実的な自由と平等な社会関係の実現とそれによる真の人間の解放が期待できるのではないか。

神や仏による人間の（多くはあの世での）救済に期待する宗教は、実は人間に共有される心情の物神化された疎外形態にほかならないというフォイエルバッハの人間主義的唯物論も、実はなお抽象的で自然主義的人間観に依拠していたのであって、マルクスの唯物史観による批判的省察からすれば、十分ではなかったことになる。

こうした世界観を形成する過程で、マルクスのヒューマニズムは、近代啓蒙思想のなかで、多くの場合に人間の本質を個々人のうちに自然に内在するものと抽象的に想定しつつ、同時に近代市民社会が自然的自由の秩序として、人間の本質的な活動性を実現し開花させることに期待をかけていた限界を幾重にものりこえてゆくこととなる。

すなわち、第一に、人間の本質は、個人のうちに抽象的に備わっているものにとどまらず、かならず社会諸関係の総体を形成する社会的存在としての特性を有している。しかも第二に、その社会的諸関係は、（原始共産社会は別として）生産諸力の発展に規定されたそれぞれの特殊な歴史性をまぬがれず、それぞれに働く多くの人びとにとって、労働過程とその成果を支配され搾取される、階級社会としての自己疎外をもたらしてきた。第三に、近代ブルジョア社会としての市民社会も、身分制社会は解体しながら、プロレタリア階級としての労働者大衆を、自由、平等の人権思想の理念のもとに、広範に形成し、階級社会の発展形態のひとつにとどまっている。その社会関係は、自然的自由の秩序とはいえない。そこで、第四に、その秩序の根本をなす私有財産制度から疎外されたプロレタリア階級の人間性の自己解放の可能性を求める共産主義ないし社会主義の主張こそが、具体的で現実的なヒューマニズムの展開をさし示している。

こうした批判的省察を、それまでの概して個人主義的で自然主義的な啓蒙思想とその枠内でのヒューマニズムに対置するにいたったマルクスの世界観としての唯物史観は、その生成の過程でも、レーニンの指摘しているように、フランスでの社会主義ないし共産主義の主張を重要な源泉のひとつとして、近代市民社会の社会関係のもとでの人間の自己疎外の社会関係を克服する展望を発展的にふくみこんでいる。社会主義思想の人類史的意義をあきらかにしつつ、社会主義に未来を期待する観点から総括された歴史観であり、社会主義的人間観であるともいえる。その意味で、『ドイツ・イデオロギー』の執筆過程でマルクスの認識は、それまでの抽象的な人間の疎外とその克服をもとめる発想から、科学的立場に転換し、そこに断絶ないしパラダイムチェンジをみたとする、アルチュセール(1965)や廣松渉(1983)の見解は、唯物史観形成によるマルクスの認識の発展面をやや一面的に誇張し、その史観をつうじ、マルクスが人間の自己疎外をもたらす社会経済的機構の歴史的変化とその最終的解決への人類史的展望を拓こうとしているヒューマニズムの深化の側面を軽視するおそれはなかったであろうか。

こうした唯物史観に総括されるマルクスの思想とそれを「導きの糸」として形成されてゆく『資本論』の理論体系は、やがて資本主義にいたる階級諸社会をのりこえる労働者階級の自己解放を実現する、社会主義の主要な基礎として役立てられてゆく。まさに、いかに世界を変革するかをさし示す思想と理論として、二〇世紀の世界史にこの上なく大規模な影響を与え続ける。レーニンの指導的役割のもとで第一次世界大戦の危機を転機に実現されたロシア革命にもとづくソ連型社会主義における集権的計画経済の体制は、第二次世界大戦の終結過程で東欧諸国や北朝鮮に広がり、その後も、中国、キューバ、北ベトナムなどの途上諸国に社会主義への変革があいついで実現されていった。

唯物史観とソ連型社会主義での人間疎外

とはいえ、社会主義的変革の先進的で中心的な役割をはたしていたソ連社会主義は、とくにスターリン体制のもとで、集権的計画経済による工業化のために、非民主的な個人崇拝、大量の粛清をともなう批判的見解の抑圧、多様な諸民族の文化的伝統や自決権の否認、労働者の自由で民主的な社会諸運動の抑制を強化して、トップダウンの共産党や国家の集権的な官僚的支配体制を形成していった。その体制のもとで、大多数の労働者は、職場や社会の主人公としてさまざまなレベルでの決定に主体的に参加しえないで、むしろ管理され、指令されるノルマの達成を課題とされていた。

その結果、ソ連に代表される二〇世紀型社会主義は、人びとの自由を束縛する全体主義であり統制経済であって、その点では民族主義的ファシズムに影響を与えつつ、事実上、同様の人間性の疎外、抑圧を重大な弊害として内包していたのではないか。しかも、マルクスの唯物史観にもとづく思想と理論を基礎とする科学的社会主義が、そのようなソ連型社会主義の体制を正当化する教義とされ、体制擁護のために利用され続けていたのではなかったか。のちに第6章で、その問題にあらためてたちもどることとしたい。とはいえすでにみてきたように、ほんらい資本主義的市民社会のなかで労働者階級のおかれている経済社会関係における人間性の自己疎外に、人類史的な総括を与え、その克服の可能性にヒューマニズムを深化させて形成されたマルクスの唯物史観が、それに依拠して世界変革をはじめたはずのソ連型社会のもとで、新たな人間疎外の構造をもたらす体制の教義に利用されたことには、心がさわぐ。意外な歴史の逆説といえよう。

ソ連型社会主義がゆきづまり疲弊して、東欧諸国から民主化運動が広がるなかで、ソ連共産党書記長のゴルバチョフがペレストロイカ（立て直し）をよびかけ、民主的で人間主義的社会主義への転換を試みたことは記憶に残る。それはペレストロイカの試みも成功せず、結局は崩壊したソ連型社会主義の体制が、いかに非民主的で人間性を疎外していたかをあらためて印象づけたからである。と同時にその結果、マルクスの思想と理論は、ソ連型マルクス主義の束縛から解放されて、資本主義をこえる社会主義ないし共産主義の豊かな可能性を多様なオルタナティブ（代案）として再考するうえで、より広く自由に展開されてよい時代をむかえているといえよう。

そのなかで、マルクスがその思想と理論の形成の出発点としていたヒューマニズムの人類史的観点での深化の試みは、どのように再解釈されてゆくべきか。

唯物史観を形成した後のマルクスは、人間の本質を規定する社会関係の総体を、とくに経済学の批判的検討をつうじ、資本主義市場経済のしくみにそくして理論的に探究する作業に重点をおいてゆくなかで、ヒューマニズムの発想から遠ざかり、むしろ歴史的な社会的機構の理論的解明とその変革可能性に問題関心を移していったとする解釈も有力に思われる。こうした解釈の延長上に、資本主義市場経済の無政府性を克服する、集権的計画経済のしくみこそが、マルクスの思想と理論による社会主義から共産主義にいたる科学的変革の基本路線であり、働く人びとの自由と平等への自己解放も、それにともないおのずから実現されてゆくはずであるとみなす、ソ連型社会主義の発想もみちびかれていた公算も高い。アルチュセールや廣松渉は、ソ連型社会主義に批判的に対峙しつつ、その影響も受けていたとはいえないであろうか。

そのソ連型マルクス主義の挫折と崩壊をうけて、二重の省察がいまや求められている。その一つとして、唯物史観形成後のマルクスの思想と理論の展開のなかで、社会主義的ヒューマニズムの基本をなす、人間の本質とその豊かな可能性をめぐる思索が、資本主義的市場経済のしくみや作動の原理的考察のなかでいかに展開されているかをあらためて再点検してみる必要がある。それとともに第二に、資本主義をこえる社会主義の実現をめざす社会運動や変革の試みのなかで、働く人びとの自由で平等な同権性を相互に尊重し育むしくみを職場や生活の場でいかに拡充してゆくか、さまざまなレベルでの民主的組織の育成につとめなければならないであろう。

こうした二重の省察にたいし、あわせて重要な示唆を与えてくれる事例となる理論問題がある。それは、『資本論』にかけて、マルクスが古典派経済学の労働価値説を批判的に継承発展させるなかで、人間の労働の意義を人間の本質的活動性の大切な一面として、まさに人類史的な奥行きのなかで考察し続け、その同等性の根拠を探っている理論的試みにある。

4　マルクス労働価値説の人類史的意義

商品経済と資本主義の特殊歴史性

古典派経済学を代表するA・スミス（1776）もD・リカード（1817）も、働く人びとの労働の成果が商品の価値を形成し、そこから資本家の利潤、労働者の労賃、および土地所有者の地代が配分される社会関係に考察をすすめていた。しかし、その労働価値説は、資本主義的商品経済のしくみの特殊な歴史性を無視し、そのしくみを自然的自由の秩序とみて、人びとの労働はいつでもどこでもおのずから商品交換のなかで商品価値を形成するものと想定する自然主義的発想をまぬがれていなかった。

これにたいし、マルクスの労働価値説は、いくつかの側面から資本主義的市場経済のしくみの特殊な歴史性に理論的洞察を深めている。

第一に、商品にはそれぞれの商品ごとに異なる有用性としての使用価値と、異質な商品を同等な（交換）価値とする二面があることは古典派経済学でも認識されていたが、マルクスは、さらにその価値概念自体を価値の形態と実体とに立体的に二重化して、商品経済の歴史性を体系的にあきらかにしている。すなわち、商品交換は人類史的に古くから、非商品経済的な共同体的諸社会が交易を求める接点に発生し拡大した。たがいに交換を求めあう商品の価値の形態的関連から貨幣が生じ、さらにその多様な機能の発展を通じ、貨幣を用いて貨幣を増殖する商人的資本や利子生み資本の形式が形成される。

第二に、こうした商品経済を形成する諸形態は、社会的規模で労働力が商品化されると、それを基本前提として、生産過程を商品による商品の生産として組織する産業資本のもとに、近代以降の資本主義的商品経済に発展し、全面的な商品経済社会を形成する。それにともない商品の価値の形態としての価格関係は、社会的な規模で労働生産過程を内包し、価値の実体としての労働の同質的な量関係に法則的に規制されることとなる。そのさい、労働力商品には、その再生産に必要な生活手段にふくまれる労働量が、価値の実体として賃金形態を介しひき渡され、それをこえる剰余労働をふくむ労働支出が労働力商品の使用価値として資本に取得される関係が、資本による剰余価値生産の原理として、マルクスによってはじめて解明された。

そのような認識とあわせて、第三に、商品経済とそれにもとづく資本主義経済の特殊歴史的な諸形態とその社会的関連をつうじて包摂されている労働・生産過程にも、人類史的に古くから、先行する共同体的諸社会をつうじ、経済生活のいわば原則的基本として共有され、育まれてきた人間的労働の本質が認められることも、マルクスは人類史的に洞察している。それは商品経済社会のなかにのみ、自由で自然な労働や生産活動があるとする古典派経済学（さらには新古典派経済学）での労働観とはまったく異なる理解といえる。たとえば、『資本論』において、資本の生産過程の考察にさいしても、その冒頭の「労働過程」論では、人間的労働の本質は、ほんらい人間がそなえている内的自然力としての頭脳や手足をもちいて、外的自然との物質代謝を媒介する行為であり、そこに他の動物の本能的物質代謝活動とは異なり、多様な構想を表象し、それを実現する特質があることが認められ、同時にそのような労働をつうじ、人間は自らの内部の自然力（天性）を潜勢力として発現し変化させることも指摘されている。

この第三の側面は、マルクスにおける労働価値説とその背後のヒューマニズムの人類史的視野での奥行きを理論的諸規定に展開しているところとしても重要で興味深いところなので、さらにいくつかの論点にわたり、検討をすすめておこう。

人間労働の本質とその疎外

まず、H・ブレイヴァマン（1974）が適切に補足しているように、こうした人間労働の本質には、多様な構想をたてるうえで、言語能力が大きな役割をはたしていることも、注意されてよい。その意味でも、マルクスの唯物史観は、ときおり誤解されているように、物質が人間の社会や歴史の基礎だとする単純な唯物論とはみなせない。むしろあくまで、人間とはなにか、その本質を探究し、そこに他の動物とは異なる言語能力もふくめた広い精神活動による自由な構想とそれを実現する意志の役割を、労働の本質にもみいだす、人間主義的歴史観を展開しているとみなければならないであろう。

もっとも、人間労働は、その本質上、言語能力も介しての類的存在としての人間の社会的活動力の主体としての特性を共有し、あらゆる労働作業にそのような主体的人間の精神活動が重要な役割をはたしているにせよ、働く人びとの多くはみずからの労働の構想を主体的にたてる立場になく、その労働の成果からも疎外される位置におかれ続けてきた。実際、資本主義経済にいたる階級社会の歴史のなかで、働く人びとの多くは、通常、生産手段の所有者のもとで労働過程を支配され、労働の成果を搾取される疎外関係のもとにおかれてきた。人間労働に特有な構想と実行の二面は、また支配階級が構想を重層化し分節化して、むしろ労働者階級を末端で局部の実行の担い手として組織し管理する（ファシズムまでふくむ）社会的分化の諸体制をも可能とする基礎ともなってきたのではなかろうか。

身分制度からは解放されながら、「二重に自由な」労働者が、法的には自由意志にもとづき平等の立場で契約しながら、資本の生産過程では販売した労働力の使用価値としての労働作業を、全面的に資本の管理下でおこなう立場におかれ、「民主主義は工場の門まで」といわれ、その内部では専制支配を職場の秩序原理とされるところにも、人間労働の疎外関係が階級社会の一形態としてつらぬかれている。とはいえ、働く人びとは、いかに細分されて局所的な労働作業に配置されていても、その作業の課題を自らの達成目標として引き受け、みずからの構想としてその実現にむけての意欲をもたなければ働くことはできない。むしろしばしば単調で局部的な作業に継続して集中し続けることは、人間の広い活動性を抑圧し精神的ストレスを増して、マルクスが資本のもとでの分業の弊害として指摘しているように、生命の根源を損なう産業病理学的症例を現代的にも多発し続けている。

そこには、人間労働の本質的に人間的な自由で広い活動性の発現が、資本の専制支配のもとにおかれた職場組織において、いかに疎外されたゆがみと弊害を生ずるかについての、まさに批判的ヒューマニズムの問題提起が示されている。と同時に、そこには資本主義的労務管理の一面においても、働く人びとの主体的労働意欲とその協力関係を、その営利目的にそってではあれ、いかに職場ごとに（市場での競争によらずに）人間関係の組織としてひきだし育ててゆけるかが問われ続けることも示唆されていることになる。

マルクスの労働価値説の展開には、こうして自然主義的で抽象的な古典派経済学の理解をこえ、労働の本質を人類史的観点で人間の社会的存在としての活動性の根本につうずる、外的自然との物質代謝の人間的媒介活動として洞察し、それをさらに商品の使用価値を形成する具体的有用労働と価値の実体を形成する抽象的人間労働との二要因について、ともに多様な歴史社会の基礎を支える経済生活の原則として認識する広い理解が示されている。たとえば、『資本論』での「商品の物神性とその秘密」の節でも、人間生活に必要な多様な有用物の生産に要する具体的有用労働の根底に、抽象的人間労働時間としての同質的で量的に比較可能な一面が存在し、それが商品価値の「本質的規定」をなすとされるとともに、ロビンソン・クルーソーの生活にも、中世のヨーロッパ社会のしくみにも、家父長制的農民家族内の生活にも、さらには未来の自由な個人のアソシエーションでも、抽象的人間労働を各種具体的有用形態に配分して生産をおこない、その成果の分配にも労働時間との関係を配慮しなければならないことを、いわば経済生活の原則として述べている。

複雑労働の単純労働への還元問題

こうした人間労働の根源的な同質で平等な抽象的人間労働としての基本性質は、特別な教育・訓練を要する複雑労働としての有用労働にも等しく認められてよいところではなかろうか。マルクスも基本的には複雑労働を単純労働と同質的な抽象的人間労働として同等に扱う理論構成を示している。しかし、他方で古典派経済学の労働価値説を継承するさいに、複雑労働は同一時間に単純労働にくらべ、何倍かの労働時間を（強められた労働として）支出するものとみて、複雑労働をどのような比率で単純労働に換算しうるかを問題として残しているところがある。

そこからつぎのような二つの解釈が有力視されてきた。

そのひとつは、抽象的人間労働の量関係は、市場で需給関係をもふくんで決定される諸商品の交換比率、すなわち価格関係を介して抽象され決定される社会的評価を示すところとみなす、I・ルービン（1928）的解釈が現代的に継承され評価されて、複雑労働が同一時間に単純労働の何倍の労働をおこなうかは、複雑労働の生産物（あるいはサービス）が市場でうけとる価格を介して評価され、それにともなって複雑労働力の価値としての労賃も市場で評価されるとする解釈である。

しかし、この解釈は、マルクスの労働価値説が、価値の形態としての価格関係の背後に、あらゆる社会につうずる経済生活の原則として、そのときどきの再生産の技術的相互関連にもとづき、各種生産物の産出に必要な抽象的人間労働の量関係が確定されて、それが商品経済的には価値の形態関係を規制する価値の実体的基礎となるとみなす理論構成に不整合で、逆に市場での需給を課しての価格関係が、その背後の社会的実体としての労働量の決定原理となるように再解釈しているところがある。その再解釈は客観価値論としてのマルクス労働価値説の矛盾を示す、価格関係とその背後の労働量との相互媒介的決定論とみなされうる。ルービン自身は、市場経済によらない社会主義共同社会のような場合をおそらく想定しつつ、マルクスの労働概念には、市場を介しての抽象的人間労働としての規定とは別に、社会的に同等化される労働の量関係を問題としている側面も認めている。しかし、マルクスにおいては、抽象的人間労働としての同質性が、諸社会をつうずる人間労働の同等性に通底していることがむしろ重視され、そこに商品価値の「本質的規定」が人類史的に読みとられていた。ルービンはその側面を軽視している。

もうひとつの解釈は、ルービン学派的解釈とは対照的に、商品の価値実体は、市場の背後でその再生産に要する労働量により決定されることを重視し、これを複雑労働力の商品としての価値にまず適用して、複雑労働としての技能や知識をそなえるための教育・訓練に要した労働量が複雑労働力の価値実体に追加的に蓄えられ、その価値を高めると規定する。ついで、この高められた価値が、複雑労働力の作業過程で、機械や道具などの（不変資本のなかの）固定資本の価値実体と同様に、順次、生産物に移転されてゆくとみなし、その分だけ単純労働にくらべ同一時間当たりでより多くの労働量を生産物に対象化することになると理解している。こうした解釈は、ヒルファディング（1904）や置塩信雄（1977）により定式化され、複雑労働の単純労働への還元問題についてのより正統的解釈を提示するものと考えられてきた。

しかしこの解釈にも重大な問題が残されていた。もともと、A・スミスの複合的な価値論を純化したD・リカードの労働価値説は、労働に対する報酬としての労賃の増減は、労働により決定される生産物の価値に影響せず、その価値の労賃、利潤、地代への分配関係に影響するにとどまると述べていた。マルクスもこれを内容的に継承しつつ、その認識を、人類史的にみた資本主義のもとでの特殊歴史的な剰余価値の生産関係の原理として展開し、労働力商品の価値実体として（労働力商品の維持再生産に必要な生活手段に対象化されている）必要労働（V）とそれをこえる（利潤、地代、利子などに分化される）剰余価値の実体を形成する剰余労働（M）とが価値生産物（V＋M）の実体として、労働力商品の使用価値としての労働の成果として、日々生みだされているのであって、労働力商品の価値実体（V）は生産物にそのまま移転されているのではないことを明確にしている。

その意味では、原料や機械の摩耗分など生産手段にふくまれている価値実体（不変資本の価値実体、C）が、労働者の具体的有用労働の作用を介し、生産物価値の実体（C＋V＋M）の一部に組み込まれ、移転されてゆく論理と、労働力の価値実体の再生産のしくみとは混同されてはならない。こうしたマルクスの基本認識からすれば、複雑労働力の再生産に要する高められた価値が、あたかも機械に対象化された価値実体と同様に、生産物価値に移転されてゆくとみなす（A・スミス的）発想は、J・ビデ（2009）も指摘しているように適切でない。

どのように考えなおせばよいか。つぎのような発想でこの問題をのりこえることはできないであろうか。すなわち、マルクスは、あきらかに複雑労働もさまざまな具体的有用労働の一環とみなしていた。すでにみてきたように、さまざまな具体的有用労働は、多様な諸社会をつうずる共通の経済生活の原則として、人間の社会的存在としての広い構想と実行の潜在能力を共有しつつ、必要な作業を分担しあっているのであり、その意味でそれぞれに抽象的人間労働としての同質性を平等にそなえている。その意味で、それぞれに異質な有用労働と抽象的人間労働の同質性とは、人間労働の原則的二重性をなし、商品経済に特有の事象ではなく、複雑労働と単純労働の異質性をこえる人間労働の根源的な二要因をなしている。その基本認識にたちもどってみれば、単純労働も複雑労働もともに、マルクスが指摘しているように、「もろもろの生産的な本能と素質の一世界をなしている人間」が、その社会的存在としての広い活動能力を、それぞれ異質な具体的労働作業に発揮して、外的自然との物質代謝の媒介活動に貢献しているというかぎりで、それぞれに人間労働としての同質性が労働時間で同等に比較され、時間単位で集計もされうる通約性を認められてよいのではなかろうか。

資本主義は、労働力の商品化というなお歴史的に特殊なしくみを介してではあれ、働く人びとを身分制度の束縛からは解放して、自由で平等な人びとの社会的流動性を高め、経済民主主義の基本としての人間労働の同等性を洞察しやすくしてきた。普通教育の普及と高度化と、機械装置や情報技術の発達による多くの職場での自動化も、人びとが本来内在的に共有している潜在的な広い活動能力にもとづく流動的な作業の転換可能性やそのような労働作業の同質性を確認しやすくしてきている。

こうした観点からすれば、複雑労働も、それに特別に必要な教育・訓練の労働費用を、複雑労働力の価値としてどのように理解するかを別の問題として、その労働力の使用価値としての労働時間の支出の面についていえば、単純労働にくらべ同一時間にとくに多くの労働量を（強められた労働として）おこなっているとはみなさず、同質的で同等な抽象的人間労働を社会的に貢献しているものと考えてさしつかえないのではなかろうか。もともと人間に内在するこうした多様で豊かな素質の社会的相互貢献を重視しているマルクス自身の人類史的に深い人間労働の本質論は、むしろこうした再解釈にこそふさわしい。

マルクスが複雑労働を同じ時間に単純労働より多くの（強められた）労働をおこなうものとして、その単純労働への還元問題を理論的に検討すべき課題としていたのは、その意味で、古典派労働価値説の残した宿題を引き取ろうとした残滓のひとつで、むしろ問題のたてかた自体に再考すべきところがあったのではないか。

他方、社会的に必要な複雑労働力の形成に特別に労働費用が求められるかぎり、資本主義的商品経済のもとで、複雑労働力の再生産が私的な負担により支えられている場合には、その負担を回収することが可能な価値が複雑労働力に保障されていなければ、社会的ニーズが満たされてゆかないことになる。そのため、医師や法律家やエンジニアのような高度な専門的知識や技能が求められる高級エリート層が、教育・訓練などの特別な費用を負担できる社会層として、世襲的に子弟をまたエリート層に育てるしくみが、いまや新自由主義のもとで高度な教育・訓練費用の個人主義的受益者負担を強調する市場原理主義を介し、強化され固定化され、社会的流動性を低下させる傾向が生じている。とくに大学などの高度教育への公的助成の削減、国公立大学の法人化(一種の民営化)、授業料の大幅な増額、エリート大学への進学ルートのコストの増大などが、いまやあきらかにそのような傾向を強化しつつある。ピケティ(2014)も指摘しているように、ハーバード大学の学生の両親の平均所得はいまやアメリカの所得階層のトップ二%にあたるとされ、日本にもその傾向は顕著となりつつある。新自由主義はこの面でも逆説的に、人びとのあいだでの自由で平等な競争を阻害し、世襲的経済格差を構造的に強化する作用をもたらしているのではないか。

しかし、かりにそのような高度な教育・訓練に要する費用が、社会民主主義や社会主義の発想のもとで、全面的に社会化され、個人的負担が大幅に削減され、無料化されるならば、そのコストを受益者の労働力の価値へ追加して個人的に取得させることは必要でないし、公正ともいえないであろう。と同時にその特別の教育・訓練の費用にかかわって、複雑労働力が、その作業において、単純労働より同一時間により多量の労働をおこなうものとみなさないでもよいことになる。その教育・訓練への志望者を、社会的ニーズにあわせてどのように選別調整するかは、それぞれの社会ごとに工夫を要するところではあろうが、そこにかつてのソ連社会のように官僚主義的な特権的選別が非民主的におこなわれることは、社会主義的理念に大きくそむくところであった。加えて、労働に応ずる配分を理念としつつ、いわゆる複雑労働に同じ時間でもより多くの労働をおこなうものとして、官僚主義的な労働の格付けが、労賃格差の体系を合理化するものとして（多少とも恣意的に）認定されていたことにも、経済民主主義の基本に大きく反するところがあった。

こうした現代世界の資本主義にも社会主義にも生じた経済格差の社会構造の根底に、マルクスの人類史的観点にたったヒューマニズムにそった労働価値説の思想と理論が、いかに批判的解明をあたえ、それらの克服の方途を示唆しうるか、複雑労働の単純労働への還元問題をふくめ、なお検討を要する興味ある論点が伏在しているといえるのではなかろうか。

第2章　導きの糸としての唯物史観——人類史をいかに総括するか

1　唯物史観の定式とその意義

マルクスは、前章でみたように、まず歴史と哲学に関心をよせ、ついで新聞の論説を書くしごとにつき、現実の社会問題に接して、フォイエルバッハらの抽象的人間主義では、社会的諸関係の総体のもとで疎外され、抑圧されている多くの働く人びとの解放の道はひらけないことに批判的反省を加えていった。そして、エンゲルスと協力してパリで『ドイツ・イデオロギー』を執筆する二七歳になるころまでには、フランスの社会主義（ないし共産主義）とイギリスの古典派経済学の思索とを糾合して、ドイツ古典哲学の限界をこえる独自の世界観を形成している。それが唯物史観にほかならない。

本章では、ヨーロッパ的規模で、近代啓蒙思想のヒューマニズムがドイツ古典哲学、イギリスの古典派経済学、フランス社会主義のそれぞれの姿で抽象的に表明されていた限界を、マルクスがのりこえて、人類史を総括して提示した、この独自の史観の内容と意義をさらに確かめておこう。さらに、その後のマルクスの理論的思索の深化や、現代世界の問題状況との関連で、この史観にどのような補整が加えられるべきかにも、検討をすすめてみたい。

唯物史観とはなにか

唯物史観は、すでにみたように青年期のマルクスが発見していた雄大な人類史の総括図式であったが、『経済学批判』（1859）の「序言」で、「ひとたびこれをえてからはわたくしの研究にとって導きの糸として役立った一般的結論」として、あらためてほぼつぎのように簡潔に定式化されている。三つに区分して読んでおこう。すなわち、

（1）「人間は、その生活の社会的生産において、一定の、必然的な、かれらの意志から独立した諸関係を、つまりかれらの物質的生産諸力の一定の発展段階に対応する生産諸関係を、とりむすぶ。この生産諸関係の総体は社会の経済的機構を形づくっており、これが現実の土台となって、そのうえに、法律的、政治的上部構造がそびえたち、また、一定の社会的意識諸形態は、この現実の土台に対応している。物質的生活の生産様式は、社会的、政治的、精神的生活諸過程一般を制約する。人間の意識がその存在を規定するのではなくて、逆に、人間の社会的存在がその意識を規定するのである。」

（2）「社会の物質的生産諸力は、その発展がある段階にたっすると、いままでそれがそのなかで動いてきた既存の生産諸関係、あるいはその法的表現にすぎない所有諸関係と矛盾するようになる。これらの諸関係は、生産諸力の発展諸形態からその桎梏へと一変する。このとき社会革命の時期がはじまるのである。経済的基礎の変化につれて、巨大な上部構造全体が、徐々

にせよ急激にせよ、くつがえる。……」

（3）「大ざっぱにいって、経済社会構成が進歩してゆく段階として、アジア的、古代的、封建的、および近代ブルジョア的生産様式をあげることができる。ブルジョア的生産諸関係は、社会的生産過程の敵対的な、といっても個人的な敵対の意味ではなく、諸個人の社会的生活諸条件から生じてくる敵対という意味での敵対的な、形態の最後のものである。しかし、ブルジョア社会の胎内で発展しつつある生産諸力は、同時にこの敵対関係の解決のための物質的諸条件をもつくりだす。だからこの社会構成をもって、人間社会の前史はおわりをつげるのである。」（マルクス 1859, 邦訳一三～一五ページ）。

このうち（1）では、社会構成の経済的下部構造と上部構造の区分と関連が示され、ついで（2）では、そのような社会諸関係の革命的変化の論理が説かれ、最後に（3）では、世界史的にみた経済社会構成の発展諸段階についての総括的概観が示される。これら三点をつうじ、ヘーゲルがドイツの観念哲学の頂点において絶対精神の自己展開として総括していた法哲学や歴史哲学に批判的に対置される、マルクスに特有な人類史の総括が唯物論的歴史観として提示されている。

のちにエンゲルスは『空想から科学へ』（1882）において、この唯物史観と資本による剰余価値生産の秘密の解明とを、マルクスによる二つの「偉大な発見」とよび、これらの発見によって

「社会主義は科学になった」と述べている。たしかにわれわれが生活している資本主義のしくみが、人類史のなかでどのような意義と特徴を持っているか、学問的に正確な理解がえられなければ、それをのりこえようとする社会主義の主張と運動も科学的論拠をもつことができないことになる。人類史の総括としての唯物史観を導きの糸として、剰余価値生産の理論的解明をすすめ、それによってブルジョア的（資本主義的）生産様式の特殊な階級社会としての運動機構に体系的な社会科学としての考察をすすめたマルクスの主著『資本論』は、社会主義に科学的根拠を与える役割を果たしている。その意味でマルクスによる社会主義は科学的社会主義と特徴づけられてよい。

とはいえ、エンゲルスのいうように唯物史観と剰余価値生産の理論の二大発見により社会主義は科学になったと総括するのは、それらの関連を圧縮した表現でやや正確さを欠いていないであろうか。社会主義と唯物史観と剰余価値生産の理論をふくむ『資本論』の経済学との三者の相補的課題の差異と関連には、再整理が求められているといえよう。

社会主義は、資本主義社会のしくみを容認し自然視する社会思想（イデオロギー）に批判的に対峙して、資本主義を階級社会のひとつとしてのりこえようとする対抗的な社会思想（イデオロギー）をなしている。その思想にしたがう社会変革の運動とその結果実現された社会体制を社会主義とよぶこともある。

唯物史観は、そうした社会主義思想を是認し支える人類史の総括を示す歴史観をなしている。

たとえばヘーゲルは、歴史哲学において、形而上学的に（天上の神秘的な）絶対精神の自己展開の歩みとして人類史を総括し、理念的な自由の実現の究極の姿が、ブルジョア社会に結実しつつあるとみなしていた。それは、イギリスの古典派経済学が、資本家と賃金労働者と土地所有者とからなる近代ブルジョア社会の三大階級の経済的秩序の内的関連に労働価値説による理論的考察をすすめながら、その商品経済社会としてのしくみを究極の自然的自由の秩序とみなしていたことと照応する。こうした発想に対し、マルクスの唯物史観は、あらためて人類史の歩みを現実的な経済生活における生産諸力の発展とそれに対応する生産諸関係の変革にもとづく階級諸社会の交代の過程と総括し、あわせて、身分制社会を解体した近代ブルジョア社会も、なお最後の階級社会とみなし、そこでの賃金労働者の階級に真の自由も平等も実現してはいないことを批判的に明示し、その階級に階級社会の歴史としての「人類前史」をのりこえ、社会主義ないし協同社会を実現する役割を期待する観点を提示している。

その歴史観の特徴は、マルクスにさきだつ初期（空想的）社会主義者の歴史観とも大きく異なっている。たとえば、サン・シモン（1823-24）によれば、人類史は原始的偶像崇拝の時代から、奴隷制に対応する多神教の時代、封建的身分制に対応するキリスト教の時代を経て、一五世紀から科学的世界観と学者、産業者の台頭をみたが、無組織状態の危機をまねき、「人みな兄弟」となる協同社会が求められつつある。フーリエ（1829）によれば、人類史は、エデンの時代、未開、野蛮、文明の四段階をなしているが、文明時代には過剰から貧困が生まれているので、これに代わる調和の社会が形成されなければならない。

こうした初期社会主義者の歴史観も、諸社会の変化が人びとの宗教的意識や文明化の程度により区分され、それらの基礎にどのような経済生活における土台の変化が生じてきたのかは、考究されていない。と同時に、近代ブルジョア社会の無組織状態の危機や過剰による貧困化のしくみにも、検討がすすめられていないまま、調和的な協同社会の実現も、社会の上層部がその構想を理解して、実現するよう（空想的に）期待するにとどまっていた。

これにたいし、マルクスの唯物史観は、社会の上部構造をなす社会的意識諸形態やそれにもとづく政治的、法律的諸関係は、それ自身で動くものではなく、それらの土台をなす経済的機構における物質的生産諸力とそれに対応する生産諸関係の動向に制約され、規制されることを客観的に重視している。その意味では、唯物史観は、その形成過程においても、社会の土台としての経済機構が、社会の上部構造としての政治的・法律的諸関係にたいし、相対的に自立した動向を明確に示すようになる近代資本主義のしくみとその考察をすすめた古典派経済学の批判的研究を重要な基礎としていた。いわば社会科学としての経済学の客観的認識にもとづく歴史観をなしていた。それに依拠したマルクスの社会主義も、また社会科学に基礎をおく科学的変革思想としての特質を志向していたといえよう。

唯物史観と『資本論』の経済学との関係

そのさい、やがて『資本論』の経済学に結実してゆく社会科学としての経済学は、社会の上部構造としての社会的意識諸形態をなす、イデオロギーの諸形態とは区別され、経済的土台と上部構造との関連をふくむ資本主義社会のしくみと動態を学問的に客観的な認識の体系として解明する課題を追及するものと考えるべきであろう。実際、マルクスは、資本主義の生成過程でそのしくみに考察をすすめる経済学の歩みのなかから、それぞれに異なる経済政策思想をイデオロギーとして提示する重商主義、重農学派、古典派経済学をつうじ、学問的に継承すべき成果とその限界をあきらかにする作業にとりくみ、『資本論』の経済学を形成してゆくことになる。そこには社会思想としてのそれぞれの理念の相違には解消できない、資本主義市場経済の特殊歴史的なしくみと動態についての体系的で客観的認識が追究されており、それによって資本主義社会における意識諸形態としての支配的イデオロギーの変遷とその意義も位置づけられる考察基準が与えられることになる。

唯物史観は、そのような意味で、経済学の研究に「導きの糸」として役立つとともに、資本主義社会の経済機構を対象とする経済学の研究に基礎をおく史観となる相補関係におかれている。その定式に示されている、上部構造としての社会的意識が経済構造の土台により制約され規定される関係性（いわば存在被拘束性の認識）は、人間に特有な潜在的自由な主体性を重視するヒューマニズムの発想と整合しないようにも思われる。しかし、「人間の意識がその存在を規定するのではなくて、逆に、人間の社会的存在がその意識を規定する」ことを、人類史的社会関係の変化の重要な一面として認識することが、また生産諸力に応じ、生産諸関係を変革してゆく人びとの潜勢力の可能性とあわせて重要視されているところに、むしろマルクスに特有な奥の深い人間主義が読みとれるのではなかろうか。

しかも、マルクスは、さきの（2）の社会変革の論理に関し、社会諸関係の革命的変化が生ずるさいに、人間の意識諸形態がかならずしもその変革の意義や方向を正確に判断しているとはかぎらないことにも続いてつぎのように補足的注意をうながしている。すなわち、「経済的な生産諸条件におこった物質的な、自然科学的な正確さで確認できる変革と、人間がこの衝突を意識し、それと決戦する場となる法律、政治、宗教、芸術、または哲学の諸形態、つづめていえばイデオロギーの諸形態とをつねに区別しなければならない。ある個人を判断するのに、彼が自分自身をどう考えているかということにはたよれないのと同様に、このような変革の時期を、その時代の意識から判断することはできないのであって、むしろ、この意識を、物質的生活の諸矛盾、社会的生産諸力と社会的生産諸関係との間に現存する衝突から説明しなければならないのである。」（マルクス 1859, 邦訳一四ページ）。

実際、西欧諸社会における封建的生産諸関係のもとで制約されていた生産諸力の発展を可能とした社会変革が、まず王権神授説による絶対王政のもとでの近代国民国家化の形成によりすすめられ、ついでイギリスでのピューリタン革命（一六四二〜四九）と名誉革命（一六八八）による自由、平等、人権を理念とするブルジョア的議会制度のもとで実現されてゆく過程においても、その社会変革への支配的時代精神やイデオロギーは、経済機構に生じていた、世界市場の形成にもとづく資本主義的生産諸関係の生成の意義を正確に見通していたとはとてもいえない。日本における明治維新（一八六八）への変革が、徳川幕藩体制を打倒する支配的時代精神として、「尊王攘夷」をかかげ、排外的な復古主義にもつうずる理念のもとに、結果的には、世界資本主義の一角に日本が参加し、資本主義化を経済的に推進する変革をもたらしたことも、変革のイデオロギーが社会変革の意義や方向を正確に示しているとはかぎらない顕著な事例として想起される。

人類史を形成してきた諸社会の経済的土台と上部構造との区分と、その変革の動態における両者の役割と関連についてのこうした興味深い洞察に続き、唯物史観の定式は、さきの（3）の部分で、この人類史を総括して、「経済社会構成が進歩してゆく段階として、アジア的、古代的、封建的、および近代ブルジョア的生産様式をあげることができる」とし、最後のブルジョア的生産様式で「人間社会の前史」は終わるとしていた。この個所にもその後少なくともつぎの三つの補足が必要とされている。

階級社会の四段階論への補足

第一に、エンゲルスが一八八八年の『共産党宣言』英語版で注記しているように、ここで経済社会構成の進歩の四段階があげられているのは、その時期までの文書に残されている歴史社会の総括にとどまり、その後の遺跡の発掘にもとづくマウラーやモルガンらによる発見により、階級諸社会にさきだつ原始共産社会としての原生的共同社会が世界各地に広く存在していたことがあきらかにされた。旧石器時代としての人類史が六〇〜七〇万年前にはじまるとすれば、むしろ有史以前の圧倒的な長期にわたる人類史には、剰余生産物とその蓄積がとぼしく、支配階級が土地などの生産手段を支配管理しつつ、労働者階級を搾取する体制を形成する余地もみいだせないまま、広く原生的共同社会がさまざまな地域でさまざまな組織様式で存続していたにちがいない。

最近でもエスキモー（イヌイット）の生活を探報した記者は、オットセイなどの獲物の狩りには集落全員が総出で協力し、獲物はその場で必要に応じて分配し、その過程で特権的な支配者が存在する余地がないことを伝えていた。そのような原生的共同社会の生活は、有史以降の階級諸社会の形成、発展の周辺にも、地域によっては、エスキモーの事例のように存続していたように思われる。

そのような生活様式のかならずしも文字によらない伝承や見聞が、古代以来のときに宗教的な形態をもとってくりかえして生じてきた人びとの協同的で平等な生活を再建しようとする共産主義や社会主義の理念と運動をもたらす重要な契機ともなってきているのではなかろうか。そのことは、人類史的観点で社会と人間の基本を問い続けたマルクスの思想と理論にとってもおそらくきわめて大きな意義を有していた。

第二に、アジア的、古代的、封建的、およびブルジョア的と四段階に区分されている階級諸社会の総括も、いくつかの意味で補足を要する。それは生産諸力の高度化につれて、諸社会が経過せざるをえない単線的で必然的な段階区分を意味するように解釈され、それにそって各国各地域の歴史が研究される傾向も広がっていた。しかし、もともとの四段階についても、それぞれの代表的な経済社会構成が、地域を異にして認識されていることもあきらかであり、その意味でもここでの四段階は、もともと諸社会がひとしく通過してゆく単線的な発展モデルとして提示されていたのではなかったといえよう。

その最初におかれているアジア的生産様式とはなにか。ギリシャ、ローマの奴隷制社会に先立ち、エジプト、メソポタミアなどのオリエント、インド、中国などに広範にみられた農村共同体とそれを統治する王権の関連を広く意味していたように思われる。E・ホブズボーム（2010）が指摘しているように、その生産様式は事実上スラブ的生産様式とも類似性が高く、人類史的にはより広範に存続していた原始共産社会を基礎として、君主がそれを統合する階級社会への過渡形態か、あるいは原始共産社会をもふくむ社会形態とも再解釈される余地もなくはない。しかし、塩沢君夫（1970）が論争史の丹念な検討をふまえ、原始共産社会の解体から生じた最初の階級社会と再解釈していたように、ここでのマルクスは、四段階の社会構成を記録に残されている有史以降の敵対的階級諸社会に主要な類型の概要を総括していたと考えるのが素直な解釈であろう。

とはいえ有史以前についての人類学の発達により、その後マルクスも重視するようになる原始共産社会の広範な長期にわたる史実が発掘されて以来、そこからの最初の階級社会への移行形態としての農村共同体とそれらを灌漑事業などで統合する君主の関係からなるアジア的生産様式は、オリエントやアジアにかぎらず、全世界的により広く存在していた可能性が高い。すでにその時代以降、人間を奴隷化することは多くの地域で広くみられはしたが、それが支配的生産様式とされたのはギリシャ、ローマのほかにさほど多くはなかったのではなかろうか。それは奴隷制が、奴隷自身の家族関係などによる社会的再生産を許容していなかったからである。そのため、多様な類型をもち、スラブ的生産様式にも近似性の高いアジア的生産様式から、支配的生産様式として奴隷制を経ずに封建社会や、さらには近代ブルジョア社会へ移行する諸地域も稀ではなかったであろう。日本には奴隷制を支配的な生産様式とする時代が十分検出されているのであろうか。

後年のマルクスは、「資本主義に先行する諸形態」(1857-58)などの草稿において、人類史がむしろ原始共産社会からこうした諸類型の社会構成を多型的に同時代的にも併存させつつ発展させ、多くの地域でそのなかのある類型を経ることなく資本主義世界への編入をせまられるにいたる経緯を明確にしている。そのような関心はK・B・アンダーソン(2010)が指摘しているように晩年のマルクスにおいてさらに拡大深化していた。それは、ヴェラ・ザスーリッチへの手紙(1881)(『マルクス・エンゲルス全集』第一九巻、大月書店、一九六八年、所収)において、エンゲルスやその支持をえていたロシア・マルクス派と異なり、マルクスが、ロシアのスラブ的村落共同体について、資本主義的解体に先立ち、社会主義への移行のひとつの基礎となりうることを認めたことにも通底していた。

こうした問題をふくめ、ここで定式化されている四段階の社会構成の世界史的発展・移行の論理が、生産諸力と生産諸関係のあいだの矛盾と発展の弁証法によりどのように明確にされているのか、かならずしもなおさだかでないところが残されている。

第三に、唯物史観としての人類史の総括は、四段階の経済的社会構成の発展をつうじ、近代ブルジョア的生産様式をもって、敵対的階級社会の歴史としての人類社会の前史はおわりをつげるとしめくくっている。これも碑文として人びとの心に刻まれて、忘れがたい印象と衝撃を与えづけているマルクスの名文のひとつであろう。

それは、書かれていない文意として、社会の大多数の労働者が、階級諸社会のもとで、歴史形成の主体としては疎外され続け、本格的に参加していない状態をのりこえて、歴史社会の主人公として、その創造的な潜勢力を発揮しうる人類史の本史がこれからひらかれるという雄大な展望を読者に印象的に読みとらせているからである。

近代以降の資本主義社会において、なぜ階級社会の歴史としての人類前史は終わらせることができるのか。さしあたり、その社会の胎内で発展しつつある生産諸力が、敵対的階級社会解決のための物質的諸条件をつくりだすと指摘されている。それとあわせて、階級諸社会の発展をつうじ、働く人びとの多くが、生産諸力の高度化に応じた生産諸関係のもとで、しだいに自由な活動主体としてふるまえる余地を拡大し、その潜勢力を拡充してきたことも補足して理解されてよいであろう。ことに近代資本主義は、人間社会として自由、平等、人権を理念としてかかげて、身分制社会を解体してきているかぎり、その実質的内容に階級社会の一種としての労働者大衆の経済的搾取や支配抑圧をもたらすしくみを有している矛盾をのりこえ、すべての人々が真に自由な社会の主体となる民主主義の徹底が働く人びとの重要な社会的課題となることも、理解しやすいところがあるのではなかろうか。

ソ連型社会主義の挫折と唯物史観

他方、唯物史観の定式を重要なよりどころとして、階級社会をのりこえる人類史的な変革課題を実現したはずのソ連型社会主義が、その実験により工業化にあるところまで成功しながら、その本来の理念に反して、働く人びとの多くを社会の民主的主人公としてふるまえる社会機構を十分整えることに失敗し、その体制内部に民主化運動をくりかえし生じて挫折し、崩壊したことはなにを意味するであろうか。本書は、最終章でこの問題にたちもどりたいが、唯物史観の定式との関連で、さしあたりつぎのような論点は指摘しておきたい。

すなわち、ソ連型マルクス主義は、唯物史観にもとづく社会主義を、生産力の高度化に伴う生産諸関係の必然的で単線的な変革の延長上に位置づけ、働く人びとをめぐる生産諸関係の抑圧支配は、主要生産手段の国有化により解消されるはずであり、生産諸力の拡充を国家主義的にすすめれば、やがて労働に応じた分配における不平等が残る社会主義から、人びとが能力に応じて働き必要に応じてうけとる共産主義の高次段階への前進が約束されているとみなしていた。そこに一種の生産力主義が、国家と党の特権的官僚の支配と抑圧をともない、労働者の真の自由な社会参加を妨げる体制の強化に役だてられ、唯物史観の定式が、ソ連型社会の非民主的ゆがみを正統化する教条主義的論拠に用いられる皮肉な作用を生じていた。

もともと唯物史観は、人類史を総括する壮大な世界観を示すものであるだけに、魅力的な天才的洞察にあふれてはいるにせよ、それを「導きの糸として」形成される、『資本論』の経済学と同じ次元での客観的科学としての論証性を十分そなえているとはいいがたい。むしろ『資本論』の理論展開をつうじて、内容的に唯物史観を裏付ける人類史的考察が示されてゆく仮説的史観と位置付けられ、その後の歴史研究や資本主義発展の研究により補整されてよい余地をふくんでいるといえよう。

そこに提示されていた人類史上の階級諸社会の発展も、単線的歴史としてではなく、むしろ地域社会ごとに多型的な進化の類型が、多様にみいだされているように、唯物史観と『資本論』の経済学にもとづく科学的社会主義の理念や構想についても、ソ連型マルクス主義がかつて主張していたような唯一の必然的進路が（生産力主義的に）決定論的に提示されるものではなく、むしろ多様な道の選択可能性が、それぞれに歴史的制約のもとにおいてではあれ、働く人びとの主体的自己解放への社会的連帯運動にひらかれているのではなかろうか。社会主義をただちに科学といわず、むしろ社会科学に基礎をおく、科学的社会主義と理解しておくほうが、その選択可能性の広がりを容認しやすくなるともいえる。

2　市場経済の人類史的位相

市場経済と資本主義の人類史的意義

人類史をいかに総括するか。マルクスによる唯物史観の定式は、この課題についての天才的試みを簡潔に要約した不朽の名文といえる。しかし、それを導きの糸としてマルクスが資本主義経済の基本的しくみを原理的に体系化していった『経済学批判要綱』から主著『資本論』にいたる、膨大な研究と草稿執筆過程の成果をふまえて、あらためてこの定式にどのような補充が加えられうるか。マルクスはこれもわれわれに宿題として残していた。

その観点から眺めなおしてみると、『資本論』に体系化されるマルクスの資本主義の原理的考察には、唯物史観の公式を補充する、つぎのようなもうひとつの人類史の総括の筋道が加えられ重視されているように読める。すなわち、商品の取引、そこから生ずる貨幣の諸機能、貨幣の商人資本や金貸資本への転化をふくむ市場経済の諸形態は、資本主義に先行する封建社会にいたる共同体的諸社会の内部の基本的組織原理ではなかった。それらは、マルクスが「商品交換は、共同体が果てるところで、共同体の成員が他の共同体の成員と接触する点ではじまる」（マルクス 1867, 邦訳①一六一ページ）と指摘しているように、むしろ共同体的諸社会のあいだに、あるいは異なる共同体の成員のあいだに発生し、発展する経済関係に由来し、共同体的諸社会内部の組織とは異質な外来性をもって、諸社会内部の共同体的諸関係に浸食し破壊する作用をくりかえしていた。

こうしたマルクスにおける商品経済の構成諸形態の由来についての認識は、A・スミス（1776）にはじまるつぎのような発想と鋭く対立している。スミスによれば、商品交換は人間に内在する理性や言語能力に近い「交換性向」に由来する自然で普遍的行為にほかならない。そうしたスミス的発想からすれば、人類史的に有史以前の原始共産社会にはじまり、その後の封建社会にいたる多型的な階級諸社会の内部で、理性や言語能力は育てられ続けていながら、基本的には商品経済によらない、現物経済の生産、配分、消費のしくみが共同体的に組織され続けていた史実はどのように理解されることになるであろうか。商品経済社会を形成する資本主義に先行する、きわめて長期にわたる多型的共同体の並存と交代をみてきた人類史は、すべて人間の自然的交換性向を抑圧してきた不自然な社会とみなされることになるのであろうか。

実際また、共同体諸社会の内部で、基本的な生産、配分、消費の活動が慣習的互酬や直接的な人格的（身分）支配をつうじ、商品交換によらずに組織されていたにせよ、その共同体内の秩序は他の共同体社会との関係まで律するものとはかぎらない。むしろ他の共同体との相互関係には、武力による略奪、侵略、支配を図る戦争路線によるか、あるいは相互に平等な立場を認めあい商品交換の合意形成をめざす平和路線か、そのいずれによるかが問われ続けていたといえよう。資本主義にさきだつ世界システムとしての古代以来の帝国は、そのうちの武力による領土支配の拡大路線を主軸としていた。とはいえ、その内外にひろがる共同体諸社会の平和的交易関係もかならず副軸として併存させていた。

ところが、長期にわたる共同体的諸社会の多型的発展や交代の歴史をつうじ、その末期に生じた生産諸力の発展は、新大陸の発見と世界航路の開発により、西欧諸国の商人資本の活力を高め、人類史上はじめて諸大陸を結ぶ世界市場を形成する動因となった。その過程で、イギリスなどから封建社会の農村共同体の基礎をなしていた農民にとって世襲的に使用権が保障されていた耕地や入会地を、それまでの領主や地主が牧羊場として囲い込み私有化していった。この囲い込み運動（エンクロージャー・ムーブメント）の結果、生産手段としての土地から切り離され、マルクスのいう二重の意味で自由な（身分制支配から解放されるとともに、生産手段からも分離された）無産の労働者が、社会的規模で創出され、その労働力を商品化して、資本が全面的に商品による商品の生産過程として生産関係を組織する、近代以降の資本主義社会が形成される転換の世界史的画期が与えられた。

それにともない、先行する諸形態の共同体社会の歴史では、諸社会のあいだの交易に主として用いられていた市場経済のしくみが、社会内部の生産関係の基本に転化されて、資本と賃労働の生産関係が形成され、それによって徹底した商品経済社会としての特殊な資本主義社会が世界を支配するにいたった。そこでは直接的な人格的協力や支配による共同体社会のしくみが、家族関係や農民的経営などに周辺化され、そこにも分解作用がおよぼされつつ、基本的生産組織としては解体されて、無政府的で個人主義的な商品取引契約に生産関係の基礎が組み替えられてきた。

その結果、一六世紀にはじまる世界の諸大陸全体を統合する資本主義世界システムは、かつての諸帝国としての世界システムと異なり、諸社会内部の経済秩序とそれらを連結する基本的しくみがともに商品経済の諸形態によるものとなり、対外関係と対内的な経済秩序のあいだの異質性が顕著になくなっていることも注意されてよい。むろん、生成期の重商主義段階から現代にいたるまで、戦争とそれを引き起こす国家の役割は、資本主義世界システムに内在する破壊作用の一面ではあるが、世界システムとしての資本主義にとって、その一面は（かつての世界システムとしての帝国とは異なり）つねに作動し続けなければならない基本原理とはいえないであろう。

さきにみた唯物史観の定式は、原始共産社会の解体以降における主要な階級諸社会としての社会構成の類型的な推移を、諸社会内部の生産諸力と生産諸関係との対応・矛盾関係をめぐる経済的土台の発展にもとづくものとして、人類史を総括していた。それを導きの糸としてすすめられたマルクスの主著『資本論』の経済学をふまえてみると、あらためて原始共産社会以来の多型的共同体諸社会のあいだに発生し、発展してきた商品経済の諸形態の役割を人類史の総括に補完して、唯物史観の定式は拡充されてよいであろう。それによって、近代ブルジョア社会としての資本主義が、先行する共同体的諸関係をその間に成長していた商品経済により解体して、徹底した商品経済社会を形成したことにより、諸大陸をはじめて地球的規模で統合する世界システムとしての資本主義の形成発展にもとづく統一的な世界史が人類史のうえで初めて現実化した意義も理解しやすくなるからである。

ポラニーの史観との対比

マルクスによる人類史の総括の一面にみとめられる、共同体的諸社会に、ごく古くから対外交易の場面で発生し、社会内にも浸透する（しばしば破壊的）作用を有していた商品交換やそれにともなう貨幣の役割についての考察に、類縁性の高い人類史の総括は、K・ポラニー（1944）にもみられる。ポラニーによれば、もともと社会統合の三様式をなしていた互酬、再配分、交換のうち、商品交換のシステムが社会の統御から離床して「悪魔の石臼」としての破壊作用を増大させ続けた結果、一九三〇年代の世界大恐慌のような災厄を生じた。そのため、これに対する社会の自己防衛が市場交換を社会に埋めもどす「大転換」をもたらしつつある。ソ連型社会主義、ニューディール、ファシズムがその具体的あらわれとみなされていたと読める。

こうしたポラニーの発想は、マルクスが、共同体的人間関係を徹底した個人主義的商品経済社会へと解体した資本主義経済のもとで、その社会経済体制に内在する矛盾の発現として、破壊的経済恐慌の必然性を解明しようとしていた批判的研究につうずるところがある。ポラニー（1922）はまた、マルクス派とはいえないが、協同組合組織にもとづき機能的民主主義を実現する市場社会主義を理念とし、経済人類学にも大きな足跡を残している。その発想は、とくにソ連崩壊後の現代世界において、協同組合運動の組織的拡大に期待する社会連帯運動の基礎としても大きく再評価され重視されつつある。

マルクス派にもその影響はおよんでいる。柄谷行人（2015）は、互酬（A）、再配分（B）、商品交換（C）の三様式の異なる度合いでの複合形態として、唯物史観の定式で示されていたような多様な社会構成体の織りなしてきた「世界史の構造」を読みとっている。そのうえで、交換様式Cのもとでの資本主義的階級支配をこえる未来は、ソ連型のような国家主義的なBの組織化には期待できず、むしろ互酬Aを高次元で回復する交換様式Dにもとづく新たな社会構成体（X）を協同組合運動により実現してゆくことに期待すべきである、とみている。

こうしたポラニーや柄谷による人類史の総括は、もともとマルクスが、唯物史観の形成過程で生産諸力の発達に対応する社会諸関係をひろく交通とみなし、そこに商品交換と生産諸関係、および生産物や人びとの移動などをふくめていたところから、唯物史観の定式では生産諸関係に絞って経済的土台の歴史的特質とその変化を摘出したために、人類史上、共同体的諸社会の周辺に古くから発生し展開され、文明や文物の交流にも役割を果たしていた商品交換の意義が読みとりにくかったところを、補整するものともなっている。そのような補整の余地は、市場経済一般の諸形態とそれにもとづく資本主義経済の歴史性の相違として、『資本論』の理論構成からもひきだせるところでもあった。

もっとも、ポラニーでは、商品交換も、互酬、再配分とあわせて、古代以来の社会に埋め込まれた経済統合の三様式のひとつとみなされているのにたいし、マルクスでは、むしろいわば互酬と再配分を基本とする共同体的諸社会のあいだに商品の交換、交易が発生したとみなされていたことは、重要な相違点のひとつをなしている。それはポラニーが経済学の基本を新古典派経済学におき、マルクス経済学に依拠しなかったところから生じている問題点のひとつともいえる。

と同時に、資本主義に先行する共同体的諸社会内部の経済生活についても、商品交換と並存する個人主義的な互酬や再配分による交換様式が支配的であったとみなされる傾向があるとすれば、それも適切ではない。原始共同社会の解体から生じた階級諸社会の歴史過程では、むしろ直接的生産者のあいだの共同体的連帯の意識や慣習による協業と分業、およびその成果の共同消費がかなりの範囲で存続し、それら生産者を人格的に不自由身分として支配し搾取する生産諸関係が内包されていたことが、マルクスの唯物史観では重視されていた。資本主義は、共同体的階級社会の束縛や身分制度から直接的生産者を自由で平等な個人として解放する進歩を示しつつ、労働力の商品化による資本の生産過程において、その労働作業をまた専制的に支配し、剰余労働を搾取する階級社会としての内実を継承している。

それに代わる実質的に自由で平等な社会をいかにめざすか。中野理（2017）が柄谷を批判しつつ述べているように、労働運動とあわせて協同組合運動を重視するにせよ、流通主義的交換様式の組み換え構想では十分とはいえない。労働力の商品化にもとづく資本主義的生産関係をいかにのりこえてゆくか。ポラニー（1922）が若いころにめざしていた協同組合的市場社会主義を望ましいモデルのひとつとするにせよ、消費者協同組合とともに、労働者協同組合の組織と、労働運動にもとづく労働者自主管理型企業の形成による労働力商品化の止揚が生産関係変革の課題として重視されなければならないであろう。

唯物史観としての人類史の総括を現代的に再考する試みは、あきらかにこうした争点にもつらなっているのである。

3　生産諸力の発展の意義

生産技術の発展経路は社会関係から中立的か

現代の資本主義世界においては、新自由主義のもとで生じている格差拡大、新たな貧困問題、自然環境の荒廃、少子高齢化、国家財政の危機の深化、経済生活の不安定性の増大などから、資本主義の終焉論が関心を集めつつある。とくに資本主義の先進諸国にこうした閉塞感が顕著となり、そこから資本主義をのりこえる人類史の進路があらためてひらけるかどうか、ソ連型社会主義の挫折もふまえて重大な検討課題が浮上している。

マルクスによる人類史の総括としての唯物史観は、こうした現代的問題関心からも再吟味され、さまざまな適用可能性や補足的拡充の試みが加えられてよい時代を迎えているともいえよう。ここでは、唯物史観の定式が、生産諸力の発展を生産諸関係の発展、変革をもたらす基本的動因としていることをめぐり、さらにいくつかの補足的検討を加えておこう。

人類史を形成してきたさまざまな社会構成においても、それぞれの生産諸関係のもとで発展し、やがて既存の生産諸関係を桎梏として変革を要請し、新たな生産諸関係への移行を促してきた動因とみなされている物質的生産諸力の高度化は、どのような性質をもっているのだろうか。つぎのような二つの解釈が示されてきた。

そのひとつは、物質的生産諸力の発展には、諸社会の生産諸関係や社会的意識諸形態に左右されない経路があり、その経路には社会的選択の余地がなく、むしろその進歩の経路にそって生産諸関係や社会の意識諸形態が変化・発展を要請されるものと解釈する。かつてのソ連型マルクス主義にはこうした発想が強く、資本主義のもとで開発されたすべての産業技術は、国営企業による大規模化された計画経済により適合的に活かせるとみて、アメリカをはじめとする資本主義先進諸国に経済力（一人あたりの実質所得）で追いつき追いこすことも期待していた。そのうえで、共産主義の低次段階としての社会主義に残る労働能力の差による「労働に応じた分配」における不平等も、やがて生産力の高度化により、マルクスのいう共産主義の高次段階における「能力に応じて働き、必要に応じてうけとる」社会関係に変革してゆけるものとみなしていた。

実際、人類史的にふりかえってみると、マルクスの指摘していた人間的労働の本質的特徴をなす、あらかじめ多様な表象を構想しそれを実現する外的自然との物質代謝の媒介過程には、さまざまに異なる共同体的諸社会においても、労働作業の効率を高め、生産物の多様化をもたらす試みが、道具や原料の多様化、協業や分業の組織の発展などをつうじ、一貫して追求されてきたといえよう。それによる生産諸力の発展が、異なる類型の生産諸関係への共同体社会の変化を直接間接にうながしたこともありそうなことと思われる。しかもそうした生産諸力の発展に役立つ、多様な自然と人間についての客観的な認識の拡大、深化、その体系化の試みも積み重ねられ、それらのなかには異なる諸社会をこえて伝えられる、人間的な知恵や知識、さらには学問として共有されてゆくところも少なくない。

そのため、おそらく二〇世紀中葉までの人類史の総括としては、ソ連型マルクス主義が想定していたように、生産諸力の発展経路は、その基礎としている科学・技術とともに、社会的生産関係や社会の意識諸形態にたいし、相対的に独自の中立的客観性を有し、それを推進することが人類の進歩にかならず貢献するとみなすこともさして違和感を生じなかったかもしれない。

しかし、第二次世界大戦の過程で開発されて広島、長崎で用いられ、地球的規模での人類の破滅を引き起こしうる脅威を増してきた核兵器の世界的蓄積とその廃棄の困難、核兵器から派生して産業化された原子力発電所に生じた、アメリカのスリーマイル島（一九七九）、ソ連のチェルノブイリ（一九八六）、東電福島（二〇一一）での過酷事故の惨事、さらには地球温暖化をふくむ自然環境破壊の深刻化などを介し、現代世界には、科学技術とそれにもとづく生産諸力の発展には、かならずしも人類の未来に継承してゆくべきではない経路もふくまれているのではないかが、広く問い直されるようになっている。東日本大震災の一環として生じた東電福島の過酷事故を契機に、国民投票なども経て、脱原発に合意を成立させて、太陽光や風力などによるソフトエネルギー開発に注力する諸国も増している。

少なくともある時期以降の自然科学や科学技術の発達には、いわば扇形にひろがる生産力の向上の経路の多様な選択肢のなかから、たとえば核兵器の大量殺戮の効率向上への政治的選択が、原発の発達とその過酷事故の脅威に連なってきたように、長期的にみて、はたして社会的な統御や安全の確保が保障されているものかどうか。しばしばその長期的見通しが不明確なまま、資本主義企業にとってのエネルギーコストの当面の軽減を生産性向上の観点で優先させ、未来の世代に巨大な不安、危険、事後処理の負担を積み残してゆく結果を生じてきているところはないか。それを是正しようとする脱原発路線は、唯物史観の枠組みにてらし、歴史の進歩に反する判断をしていると解釈されることとなるのであろうか。

むしろ生産諸力の発達に広がってきている多様な選択肢について、市場原理にゆだねれば、営利企業の概して短期的視点での費用節約の観点が優先されがちな資本主義的偏向が生じやすいことに批判的に留意して、経済民主主義的な制御をそこにどのように働かせてゆくべきかを問うことこそが、マルクスの資本主義批判を現代に活かす道となるのではなかろうか。その観点からすれば、唯物史観における生産諸力の発展の質的内容や方向にはそれぞれの社会による選択が加えられる側面を認められてよいことになる。そこには、自然環境の荒廃化への対処もふくめ、現代世界における社会民主主義と社会主義にとってきわめて重要な理論的、実践的課題が大きく浮上しているといえよう。

情報技術（IT）と新自由主義の関係をどうみるか

　こうした観点からみても、現代世界に重大なインパクトを与えている、情報技術（IT）の発達と新自由主義的政策基調への転換の意義と関連を、唯物史観の定式にてらして、どうみるかも、興味深い現代的論点のひとつとなっている。たとえば唯物史観の定式に示されていた、社会の法律的、政治的上部構造が、その土台となる生産諸関係の総体としての経済的機構に対応して形成されるとする認識は、大きくみれば近代的生産諸力の発展にもとづく資本主義の生産諸関係が経済機構として自立的に成長する傾向にもとづき、近代国民国家の政治や法律などが整えられてきたことからも裏付けられる。これと同様に、ケインズ主義的社会民主主義路線から新自由主義への政策基調の変転も、IT化にともなう生産諸力と生産諸関係の土台に生じた変化に対応する社会の上部構造の変化とみなしてよいであろうか。

　世界のマルクス経済学者のあいだでも、この点では意見がわかれている。たとえば、アメリカのマルクス学派を現代的に代表する蓄積の社会的構造論（SSA理論）学派の有力な理論家のひとりD・コッツ（2015）は、新自由主義的資本主義への転換を、ハワードとキング（2008）などにみられる、情報技術（IT）の発達にともなう生産力の新たな展開に物質的基礎をおくものとみなす唯物史観の直接的適用の試みに反対している。むしろケインズ主義的な制御された資本主義に批判的な、新自由主義的な経済思想と理論がハイエクに依拠しつつ、いくつかの類型で登場し、それにともなう自由化・民営化・安定化の政策が、新自由主義的資本主義への諸制度への転換を生じてきたとみて、いわば社会の上部構造の変化にその主要な動因をみとめている。その主な理由として、コッツはＩＴが新自由主義にのみ適合的とはいえないし、新自由主義がＩＴにより新たな生産関係による成長を実現しているとはいいがたいことをあげている。

しかし、こうした解釈では、一九七〇年代初頭までの戦後の高度成長期の資本蓄積に適合的で有効性を示していたケインズ主義的政策が、七三年以降のインフレの悪性化をともなう経済危機を予防も緩和もしえず、むしろ逆効果をもたらし、威信を失ったのはなぜかが明確にならない。高度成長を可能としていた諸条件がその時期の末期にあいついで使いつくされ、耐久消費財の大量生産技術が成熟し、同時に先進諸国内部の労働力商品と世界市場での一次産品との供給余力の制限を超える資本の過剰蓄積を生じて、労賃と一次産品価格の高騰を招き、利潤率を引下げる危機が、ブレトンウッズ国際通貨体制のゆきづまりと崩壊と同調して、世界資本主義の経済的土台に深刻な危機を生じたことが、その背景としてあきらかにされなければならないであろう。そのような経済危機の過程ではケインズ主義的財政・金融政策は、逆進的効果を生じざるをえなかったわけである。

一九八〇年代にかけての資本主義主要諸国における、経済思想と理論の新自由主義への転換は、むしろこうした経済的土台に生じた危機への反動として、その意義と歴史的必然性が理解されなければならない。実際また、その後の新自由主義的資本主義は、ＩＴを新たな産業技術の普遍的基礎として、資本に対する社会的諸規制を緩和・撤廃し、民営化をすすめ、企業のグローバリゼーションを促進するなかで、利潤のきびしい圧縮をもたらした労使関係の再編・「合理化」を一貫して展開し、労働条件の抑制、とくに安価で不安定な非正規雇用の大幅増加を進展させてきた。その結果、ピケティ（2014）の指摘しているような経済格差の再拡大がこの時期に顕著となり、働く人びとのあいだに新たな貧困問題や老後の不安が広がり、生活の不安定性が増している。にもかかわらず、IT化がもたらした職場と消費生活での個人主義的経済環境は、経済的土台において、個人主義的競争社会としての市場原理主義を、社会的意識諸形態や新自由主義的政策理念において、自然なものとして受容し、支えやすくする保守的効果も生じているのではなかろうか。

こうして新自由主義の歴史的意義を考察するさいに唯物史観の発想は参照枠組みとして、無視できない有効性をみとめうる。とはいえ、新自由主義的資本主義のとくに金融の投機的肥大化傾向が資産バブルとその崩壊を反復させ、サブプライム世界恐慌を生じた経済危機を介して、二〇〇九年には米日に民主党政権が成立し、オバマ・ケアや日本での子ども手当のような社会民主主義的政策が一時導入され、さらに二〇一五年にはイギリス労働党党首に広義の社会主義者を自認するJ・コービンが就任し、翌年にかけてのアメリカの大統領選挙戦ではほぼ同様の見地から政治革命を訴えたB・サンダースに若い世代の支持がよせられて大旋風を生じ、社会民主主義再生の可能性も増大している。その可能性は、予想外のトランプ政権成立でやや遠ざけられてはいるが、トランプ政権のアメリカ・ファーストの発想による国際的な摩擦や貿易戦争のおそれもふくめ、新自由主義の政策基調は左右から批判され動揺しつつある。それも、大きくみれば経済的土台としての資本主義経済内部に生じてきた格差拡大やそれに根ざしたサブプライム世界恐慌の衝撃による政治社会の動揺・変化を示すものと唯物史観の枠組みから理解しうる側面もあるのではないか。

むろん、コッツがおそらく警戒しているような、かつてのソ連型マルクス主義における唯物史観の機械的適用や、過度の生産力主義は、現代資本主義の動態を正確に分析するうえでさけなければならない。ITにしても新自由主義にのみ適合的ではなく、それへのオルタナティブをなす諸構想にも十分に役立てられる可能性はたしかにふくんでいる。とはいえ、生産諸力の発達経路への多様な選択肢を重視しつつ、人類史の仮説的総括としてのマルクスの唯物史観を現代資本主義の分析への「導きの糸」としてどのように役立てるか、またそれによって唯物史観をどのように裏付け、補強しうるかを点検してゆくことは、捨てがたい興味ある挑戦課題をなしているように思われる。

それはまた、宇野弘蔵が『資本論』を経済学の原理論として位置づけて整備し、それを考察基準として、資本主義の世界史的発展段階の推移にともなう経済政策の重商主義、自由主義、帝国主義への基調の変化を、主導的産業と支配的資本の蓄積様式の変化にもとづき資本主義の世界史的発展段階論として体系化して、唯物史観への学問的基礎をより確実なものとしようとした試みを、現代に活かす課題にもつうじているといえよう。

第3章　『共産党宣言』の現代的魅力

前章でみたように、青年期のマルクスは、人類史を総括する独自の世界観として、唯物史観を形成した。その史観は、著書『哲学の貧困』（1847）において、プルードンを批判しつつ論争形式で公刊された。その直後の一八四七年夏に、主として亡命急進職人から成っていた義人同盟が、共産主義者同盟と改称し、その綱領の起草をマルクスとエンゲルスに依頼する方針を決め、同年末の第二回大会でそれを正式に委嘱した。その草稿は、両者が準備し、最終草稿はマルクスが当時暮らしていたベルギーのブリュッセルで一八四八年一月に執筆し二月に出版された。それが不朽の名著『共産党宣言』（1848）である。

そこでは、唯物史観にもとづき、資本主義発展の世界史的意義が簡潔に要約されるとともに、ブルジョア社会としてのその特殊な歴史的階級社会をのりこえて、無階級社会を民主的に樹立する労働者の組織的運動の任務が示されている。本章では、唯物史観の適用により資本主義の世界史的発展とその克服の必然性を展望した、この名著の内容をふりかえるとともに、その後現代にいたる、その意義と魅力をめぐる争点を再吟味してみよう。

1　不朽の名著の魅力

時代をこえる大ベストセラーの秘密

『共産党宣言』は、それが出版されて店頭に出回った一、二週間後にフランス、ドイツなどヨーロッパ諸国に広がった一連の一八四八年革命のなかで、影響を広げ、版を重ねていった。しかし、その革命運動の挫折とともに、いったん姿を消し、マルクスも亡命をせまられロンドンに移住する。その情勢のなかでこの共著もいったんは忘れられていた。

しかしついで、この『宣言』への関心は一八七二年のドイツ語版の前後から復活する。それは、国際労働者協会（第一インターナショナル 一八六四～一八七六）におけるマルクスとエンゲルスの指導的役割と、社会民主党に成長してゆく有力な労働者政党のドイツ、オーストリア、ポーランド、ロシアなどでの誕生と成長を契機としていた。ホブズボーム（2017、訳書一三八ページ）は、一九九八年の『共産党宣言』一五〇周年記念版への「序論」として執筆された第5章において、その経緯をふりかえりつつ、「その後の四〇年間に『宣言』は世界を征服した」と述べている。実際、一九一七年のロシア革命以前でさえ、約三〇の言語で数百の版が刊行されていた。その後も新たな翻訳や重版を重ねて、二〇世紀最大のベストセラーのひとつとなっている。二一世紀にもその魅力と意義はいっそう増しているように思われる。その秘密はどこにあるのか。

その内容は、ごく短い前文に続き、「ブルジョアとプロレタリア」「プロレタリアと共産主義者」「社会主義的および共産主義的文献」「種々の反対党に対する共産主義者の立場」の四章から構成されている。その初版はわずか二三ページ。だれでもすぐに読めるこの簡潔な紙幅に、雄大な人類史を総括した唯物史観にたって、近代ブルジョア的生産・交換様式の発展のもたらす世界的規模での諸社会の変化と、その矛盾をめぐる共産主義の基本綱領が、実にあざやかにとりまとめられている。

最近では総選挙ごとに、各政党がそれぞれの政策とその根拠をマニフェストとして公表するようになっている。マニフェストといえばすぐに連想されるのが、この『共産党宣言』ではなかろうか。これほど多くの読者を世界的にえて、世代をこえて読み継がれ、批判も集めながら、感動を与え、人びとを動かし続けている政治綱領はほかにない。

その圧倒的魅力のひとつは、あきらかにこの作品に二九歳のマルクスと二歳年下のエンゲルスとが示した格調の高い、簡潔で、心にひびくみごとな文体にある。それはマルクスの主著『資本論』の重厚で読むのも理解するのも容易とは言えない理論体系とはまったく異なる。ホブズボームのいうように、比類ない若き天才マルクスのただ一度の創造的爆発ででもあるかのような、忘れがたい、碑文としたい名文が、凝縮された短いパンフレットにつらねられている。実際、その結びの一句「万国のプロレタリア団結せよ！」は、マルクスの墓銘碑ともされている。『レーニンの農業理論』(1963)の著者故渡辺寛氏のように、原文で自然に暗唱している読者も世界に少なくないのではなかろうか。

たとえば「ヨーロッパに幽霊がでている——共産主義という幽霊である」という前文の書き出しにはじまり、第一章冒頭の「今日までのあらゆる社会の歴史は階級闘争の歴史である」という一句から、さきの結びの一句につらなる「プロレタリアは革命において鉄鎖のほか失うべき何物をも持たない。彼らは世界を獲得しなければならない」という一文にいたるまで、マルクスの著作のなかでは異例に短い、印象に残る名文がつらねられている。それは、ホブズボームも称賛しているように、たんなる政治的綱領の域をはるかにこえ、聖書的力をそなえた稀な名著として読者を魅了してやまない。

冒頭の幽霊物語にしても、科学的社会主義の基本綱領としてのこの『宣言』に似つかわしいとは思えない驚きを与える。デリダ（1994）は、そこにハムレットにおいてものいわぬ過去が未来にかけて人を動かすときに幽霊のすがたをとる比喩をみいだしていた。まさに古代以来の平等で自由な無階級社会を理念としてめざした数多くの先人たちの思想と運動の奥深い歴史が、近代資本主義のもとでの新たな一連のユートピア思想とおり重なって、階級支配をのりこえる未来の可能性にむけて人びとをゆり動かす源泉ともなることが、そこには示唆されている。

同時に、ヨーロッパのすべての強国が、えたいのしれぬ妖怪のように共産主義をあつかい、その弾圧に結束しているなかで、共産主義の考え方、目的、傾向を、現実の資本主義の発展にともない、歴史的にその必然的根拠が準備され、強化されてきている労働者の組織的運動の基本綱領として、全世界に公表し、幽霊物語に対置すべき時期が訪れている、と『宣言』はその主旨を前文で述べていた。

むろんそれとともに、この『宣言』の魅力は、労働者の組織的運動が変革の対象としてのりこえるべき、近代ブルジョア的生産・交換様式の発展の人類史的意義とその限界についての雄大で的確なところが多い洞察の内容にもある。そのいくつかの側面については、次節で確認し検討してゆこう。

『共産党宣言』をどう活かすか

なお、一八八八年英語版への序文では、エンゲルスは、いまや『共産党宣言』は、あらゆる社会主義文献のうちでもっとも普及した国際的著作であり、幾百万の労働者に認められている共通の綱領となっていると述べるとともに、一八四七年当時には「社会主義は中産階級の運動であり、共産主義は労働者階級の運動であった」と指摘し、そのためこれを『社会主義宣言』とは呼べなかったと回顧している。

そこには第一インターナショナルから、ドイツ社会民主党を中心とする第二インターナショナル（一八八九〜一九二〇）に結集した労働者の階級的運動の広がりにともない、そこに基盤をおくマルクスの思想と理論による社会主義は、もはや中産階級のユートピア的社会主義ではなく、『共産党宣言』を基本綱領とするものとなっているという含意が示されている。社会主義がかつての共産主義をふくむ用語となっているることが認められているといえよう。

もっとも、『共産党宣言』は、労働者革命の第一歩はプロレタリア階級を支配的階級に高め、民主主義を闘いとり、土地や主要な企業を国有化することになると述べていた。ドイツ社会民党のエルフルト綱領（1891）もこれを基本としその前半においていた。これにたいし、イギリスのフェビアン協会（一八八四〜）は、より漸進的な平和的手段による社会主義の実現をめざしていた。エンゲルスの死後、ベルンシュタインがその影響のもとに、資本主義は高度化したので、いまやエルフルト綱領後半の日常的改良をめざすことにドイツ社会民主党は専念すべきであり、前半の変革綱領は意味を失っているとして、修正主義を主張し、それが論議をよんだ。

この修正主義論争は、ついでマルクス派の関心が、金融資本を新たな支配的資本とする資本主義の発展が、列強の帝国主義的世界分割の抗争を生み、世界戦争の危機を必然化してゆくにつれ、その過程をいかに分析し、その危機にどう対処するかをめぐる帝国主義論争に移され、一時忘れられることとなる。実際、マルクス派にとって、緊急な課題は、世界戦争の大きな危機にどう対応するかにあった。V・I・レーニン（1917）は、R・ヒルファディング（1910）の金融資本論によりつつ、金融資本の利害にそって生じた帝国主義世界戦争の危機の歴史的意義と必然性を解明するとともに、労働者運動は反戦をつらぬき、農民や兵士とも協力し、反戦闘争をつうじ社会主義革命を実現する役割を担うべきであるとよびかけ、ロシア社会民主党内のボルシェビキ派を領導し、ロシア革命を実現した。これにたいし、K・カウツキーら第二インターナショナルの主流派は同調せず、反戦運動を十分組織しえず、レーニンによってきびしく「背教者」と批判される。

方法論的にみると、カウツキーは修正主義論争から帝国主義論争にかけて、一九世紀末以降の資本主義に生じた新たな発展段階の考察を十分すすめようとせず、一貫して『共産党宣言』と『資本論』をつうずる資本主義の原理とそれにもとづく基本綱領に固執し続け、そこに示されていない帝国主義世界戦争の深刻な危機と、反戦運動の意義や社会革命への契機を軽視する欠陥をまぬがれていない。それにたいし、『資本論』を原理的考察基準としつつ、資本主義の新たな発展段階としての帝国主義の具体的必然性の意義を、資本主義の世界史的発展段階論としての考察次元に開拓し、それにもとづきロシア革命を領導したレーニンの方法論的優位性はあきらかなところといえよう。

とはいえ、ロシア革命後、第三インターナショナル（コミンテルン、一九一九〜一九四三）を結成したソ連共産党の威信が世界的に高まるなかで、その指示や指導のもとに、マルクスの思想と理論に基礎をおく科学的社会主義の内容やその実現の方途が、著しく狭められ、多様で豊かな可能性を失っていったのではなかろうか。

たとえば、修正主義論争において、ローザ・ルクセンブルク（1899）が、資本主義のもとでの改良闘争は社会革命の目的にたいする手段として位置づけられると主張し、第一次大戦後にはドイツ社会民主党が重要な役割をになって制定されたワイマール憲法（一九一九）が、労働者の社会権を認め、経済民主化と福祉国家の理念を明確にするとともに、北欧型社会民主主義が広がってゆく。しかし、ソ連型マルクス主義は、資本主義的生産手段の私有制を容認したままでの社会民主主義的再配分や福祉政策にたいし、資本主義を補完し擁護する路線として、敵対的にきびしく批判する傾向があった。議会を重視する平和的革命をめざす（たとえばかつての日本社会党左派の）路線も、ロシア革命の労農兵ソビエト（評議会）方式による権力奪取方式と異なる非革命的な戦略として排撃する傾向があった。

たしかに『共産党宣言』では、土地やその他主要生産手段の私的所有権をプロレタリア階級の手に（一時的には国家に）集中する専制的干渉が必要とされることが明示されている。しかし、その社会変革の手段ないし準備として、労働者運動が、資本主義のもとでの社会民主主義的改良闘争を（議会制度をもつうじ）すすめることを排撃していたとは思われない。生前のマルクスとエンゲルスが支援し期待していたドイツ社会民主党の成長の姿にもこうした側面は多分にふくまれていた。レーニンの指導したロシア革命成功の方式は、その後の途上諸国の社会主義的変革運動にしばしば重要な先駆的モデルとして影響を与えてきてはいるが、現代の日本をふくむ先進諸国の働く人びとによる社会変革運動にまで、そのモデルを過度に一般化して、マルクスによる科学的社会主義の多様な経路や戦略の可能性をめぐる選択肢の幅を狭めてはならないであろう。

2　資本主義のグローバルな発展性の洞察

労働者革命の目標と諸方策

いま読みなおしてみると、いくつかの意味で、『共産党宣言』は、一八四八年当時の歴史的文書でもあり、あきらかに時代遅れになっているところも少なくない。すでに一八七二年ドイツ語版への序文でも、著者たちは、第二章の終わりで提案されている革命的諸法策のいくつかは、第三章での社会主義的文献の批判や、第四章での種々の反対党に対する立場などとともに、いまや不十分なところや不適切なところもあることを認めている。

たとえば、第二章の終わりでは、労働者革命は、しだいに資本をブルジョア階級からひきはなし国家の手に、すなわち支配階級として組織された国家の手に、生産用具を集中するとしている。しかし、パリコミューン（一八七二）の経験からすれば、労働者階級は、たんに出来合いの国家機関を手にいれて自分たちの独自の目的のために動かすことはできない、とみなされている。おそらく、中央集権的な官僚制度をどのように労働者民主主義にもとづき、分権化し再編するか。現代的にかえりみれば、各レベルでの地方自治体への大幅な権限の再編による地域社会の民主的役割の強化も重要視されてよいであろう。それに対応し、土地やその他の主要生産手段の公有化も、国有化にかぎらず、労働者コミュニティの民主的組織諸形態との関係においても、多様な諸形態において実現されてよいことになるのではなかろうか。

それに続いて、労働者革命が働く人びとを社会の主人公とする民主主義をかちとり、実現すべき諸方策として、第二章末にあげられている一〇項目も、もともと国が異なれば異なるとされてはいるが、その後、資本主義のもとでも社会民主主義的福祉国家においてすでにかなりの程度実現されているところもある。たとえば、すべての児童の公共無料教育、児童の工場労働の廃止(第一〇項目)は、先進資本主義諸国ではもはやとうぜんのこととされている。新自由主義にさきだつ第二次世界大戦後の高度成長期には先進諸国に強度の累進税(第二項目)も実施されていた。相続権の廃止(第三項目)にはいたらなかったものの、累進相続税の負担により、当時はほぼ三世代で相続財産は失われるものと考えられていた。それらの再配分効果もふくめて、高度成長期の先進資本主義には、資産と所得の平準化傾向が示され、日本ではそれをやや誇張して一億総中流化とよんでいた。

一九八〇年代以降の新自由主義のもとで、こうした資産と所得の平準化傾向は、累進課税の大幅軽減の作用もふくめ大きく反転されてきている。とはいえ、資本主義のもとでの社会民主主義的諸方策が、『共産党宣言』のめざしていた社会変革のある部分を事実上、実現する役割も果たしていたことは注目に値する。最終目標としては、主要生産手段の公有化により、労働力の商品化とそれにもとづく資本主義をのりこえることをめざしつつ、いまや世界のマルクス派の多くは、先進諸国における新自由主義の政策方針に批判的に対峙して、社会民主主義の現代的再建もふくむ、広義の社会主義の可能性に期待をかけているのではなかろうか。

なお、プロレタリアとして生産手段を所有しえない労働者階級の組織的団結の拡大、強化をつうじ変革されるべき近代社会のしくみを『共産党宣言』では、まだ資本主義社会とはよんでいない。近代ブルジョア社会とよび、ブルジョア的生産、交通、所有諸関係のもとにおかれた社会と規定している。その内容が理論的に体系化されて研究される主著『資本論』になると、より明確に資本主義的生産・交易諸関係による社会、すなわち資本主義社会とされるようになる。それにともない、ブルジョア階級は資本家階級に、プロレタリア階級は賃金労働者階級と再規定される。この点でも『共産党宣言』は、著者たちのいう歴史的文書としての性質を示しているともいえる。

現代世界への洞察

にもかかわらず、賃金労働者階級の組織的運動にもとづく社会主義ないし共産主義の基本綱領として、一八四七～四八年当時の時代的制約をこえて『共産党宣言』が読み継がれてきている魅力の重要な基礎のひとつは、ホブズボーム（2011）も指摘しているように、なんといっても労働者の階級的運動が変革の対象とする近代資本主義社会の世界史的な発展の傾向とその作用についてのマルクスとエンゲルスによる認識の的確さ、洞察の深さにある。

その意味でも、この『宣言』は、おどろくべき逆説をふくんでいる。というのは、資本主義のもたらす働く人びとへの抑圧や貧困化を批判し、そのような社会の矛盾や弱点を克服すべき労働者階級の課題を力強く訴えかけている『宣言』が、その反面で、唯物史観に依拠しつつ、近代資本主義が、その生産関係のもとで、いかに生産力を高度化し、世界市場を拡大深化して、全世界的発展性を実現してゆくことになりうるか、その潜在的可能性を実にみごとに描き出しているからである。そこに描かれている資本主義のグローバルな発展性についての認識は、その後二世紀近くを経て、古くなっているとはとてもいえない。むしろ当時の時代的制約をはるかにこえ、二一世紀の現代世界に妥当性を顕著に示しているところが多い。

たしか一九八〇年代末のドイツであったか、「現代経済のグローバリゼーション」をめぐる国際コンファレンスがあって、われわれは現代資本主義のIT化、多国籍化、新自由主義政策などとの関連でその意義や作用を報告しあい議論していた。そのなかでD・ハーヴェイが手をあげて立ったのでみなが注目した。彼はマルクスを想起させるあの頬髭の風貌で、「ここでわれわれが議論しているグローバリゼーションの基本は『共産党宣言』ですでに指摘されている資本主義の発展傾向だと思う」とだけ述べて、すっと着席した。一同ちょっとあっけにとられたが、思い返してみるとそれは適切で興味深い発言であった。

たとえば、『宣言』の第一章には、つぎのような指摘がみられる。すなわち、「ブルジョア階級は、世界市場の開発をつうじて、あらゆる国々の生産と消費を全世界的（コスモポリティッシュ）なものとした。……地方的であり民族的であった昔の自足と隔絶の代わりに、あらゆる方面との交易、民族相互のあらゆる面にわたる依存関係があらわれる。物質的生産におけると同じことが、精神的な生産にもおこる。……民族的一面性や偏狭は、ますます不可能となり、多数の民族的及び地方的文学から一つの世界文学が形成される。」（マルクス、エンゲルス 1848, 邦訳四四〜四五ページ）。「ブルジョア階級は、農村を都市の支配にしたがわせた。かれらは、巨大都市をつくりだし、都市人口を農村人口に比べ格段に増加した。」（同四五ページ）。

たしかにいまや先進諸国はもとよりほとんどの途上諸国にも巨大都市が生まれ、都市人口が格段に増加し、そこではどこでも同様なスーパー、コンビニが、コスモポリティシュな店構えで人を集め、よく似たブランドの生活用品を並べている。文学も、音楽も、スポーツも、世界的な市場を介して、普遍的に共有される関心を集め享受される傾向が顕著になっている。

その傾向は、ことに新自由主義のもとでのＩＴ化のインパクトをうけて、いっそう促進されている。

一八四八年の当時、産業革命を経て、イギリスに綿工業を中心に機械制工業が確立されてはいたが、なお大規模製鋼業などの重化学工業も誕生していなければ、後発的ドイツ、アメリカの資本主義化も本格化していなかった時代に、どうしてこうした現代世界にまでいたる資本主義的な生産と消費の全世界にわたる普遍的発展を、精神的な文明や文化にもおよぶところとして予見しえたのか。それは、資本主義を擁護する財界の指導者や非マルクス派の理論家やジャーナリストたちにもしばしば驚きと感銘を与えてきた。

さらにたとえば、ホブズボーム（2011, 邦訳一四九ページ）のいうように、「一九六〇年代より以前には、資本主義は家族の破壊をもたらすという『宣言』の告知は、西欧先進諸国　においてさえ立証されなかったように思われた。ところが今日では、子どもの半分近くがシングル・マザーによって育てられているし、大都市全世帯の半分は単身者である。」こうしたことからすれば、『宣言』に示されていた資本主義の発展傾向は、その執筆当時にはせいぜいもっともらしい予測としか読まれなかったであろう箇所にいたるまで、現代の資本主義においてはむしろ現実的妥当性をともなって読みとれるようになっている。

こうした資本主義のグローバルな発展性についてのみごとな洞察は、『宣言』の著者たちの（ホブズボームの強調する）天才的予知能力のみの所産とはいえないであろう。もともと共同体的諸社会のあいだの交易関係に由来する、世界性を内在させている商品経済の、共同体的人間関係への解体作用が、資本主義のもとで労働力の商品化を介し、諸社会内部に広く深く浸透しつつ全面開花する原理自体が、それを人類史的に解明しようとしていた著者たちの天才に働きかけて、こうした洞察を可能とした側面を軽視してはならないであろう。現代のグローバル資本主義は、その観点からすれば、社会的な統御や諸規制から新自由主義的に解き放され、情報技術による新たな生産諸力を活かして、資本主義がその本来の内在的原理に回帰し、そのダイナミズムを再生させようとしている、「逆流する資本主義」（伊藤 1990）としての一面を有しているのではないか。

3　変革の見通しは失敗したのか

社会革命への見通しと世界史の推移

ホブズボームによれば、『共産党宣言』での資本主義の大規模なグローバル化の展望の正確さが現代的にも衝撃的であるのと同様に、ブルジョアジーが「みずからの墓掘り人を生産する。かれらの没落とプロレタリア階級の勝利は、ともに不可避である」とする見通しの失敗もまた衝撃的である（ホブズボーム 2011, 邦訳一五〇ページ）。

一方で、『共産党宣言』における資本主義の世界的発展の展望を現代にいたる的確な見通しとして高く評価しているホブズボームが、他方でプロレタリア階級の社会革命を不可避とするマルクスとエンゲルスの見通しを衝撃的失敗としているのは、いかにもホブズボームらしいあざやかなレトリックである。たしかにここにはこの『宣言』をいまどう読むか、逆説的にみえるこの二側面の関係をめぐり、幾重にも検討を要する問題群が伏在している。いくつかの観点からすれば、社会変革への『宣言』の見通しは、その読みとり方に是正や補完を要するが、最終的に失敗しているといえるかどうかは、なお留保されるべきで、今後の歴史の歩みにもかかっているのではなかろうか。

第一に、マルクスは、『共産党宣言』とその後の主著『資本論』において、特殊な歴史的な階級社会としての資本主義の発展のしくみに体系的な考察をすすめ、それによって労働者が組織的に団結し変革すべき対象を明確にし、社会主義革命の可能性を原理的にあきらかにすることに重点をおいていた。さらに、その可能性をいずれ労働者運動がなんらかのかたちで実現することに期待し、その変革が不可避であるとも述べてはいるが、具体的にはいつまでにどのような契機や条件のもとに達成されるかを述べているわけではないし、その予測なり見通しを立てることを課題としていたともいいがたい。『宣言』においても、プロレタリアートによる政治権力の奪取としての労働者革命の第一歩は民主主義を闘いとり、資本主義の墓堀り人として人びとが連帯して行動することであるとして、社会変革にはかなりの努力を重ねあわなければならない時期が続くとみていたように思われる。

そのような社会変革の可能性には、また人類史的にみて相争う階級の「ともだおれ」の可能性もともなっていることも示唆されている。この示唆も『宣言』が現代世界にこだましている不思議な黙示録的魅力の一部となっていないか。

第二に、一八四八年の執筆当時に『宣言』の著者たちが期待していたヨーロッパ諸国での革命情勢は、資本主義の変革をもたらしえなかった。資本主義のその後の発展過程では、労働者の「極貧状態は人口や富より急速に増大する」との見通しも、主要諸国では立証困難とみなされるにいたる。『宣言』や『資本論』の一部からも読みとられてきた、資本主義の発展にともなういわゆる窮乏化法則とそれにもとづく窮乏化革命論は、ホブズボームのいう、『宣言』の見通しの衝撃的な失敗の主要な内容をなしているようである。

むろん資本主義は、生産力の向上にともなう富の増大に対し、それを産出する労働者には、労働力商品の価値を介し、相対的貧困化をもたらしやすい社会体制をなしており、とくに景気循環を不可避的に生ずるなかで、完全雇用は例外的で一時的局面にとどまり、労働者のある部分には、失業や半失業の形態での産業予備軍として、不安定な貧困な生活状態を強いる傾向をまぬがれがたいことは、原理的にも認められてよいであろう。

とはいえ、資本主義が生産諸力を競争的に高度化してゆく過程で、労働者の平均的実質賃金の上昇が必要生活手段についての労働生産性の上昇率以下にとどめられていれば、労働力商品の価値実体としての労働時間は縮減され、マルクスのいう相対的剰余価値の生産は実現されうる。その可能性もふくみつつ景気循環をつうずる実質賃金の上下運動が、どのような軌跡を描くことになるかは、資本主義の発展の諸段階、諸局面における具体的諸条件により異なりうるであろう。たとえば一九世紀末の大不況（一八七三〜九六）にはじまり第一次世界大戦にいたる古典的帝国主義段階や、第二次世界大戦後の一九七三年までの高度成長期には、重工業を基礎とする金融資本の蓄積過程で、労働雇用が拡大しつつ実質賃金も上昇する傾向が生じていた。

そのうちで古典的帝国主義段階には、ヨーロッパの主要諸国の多くに労働党ないし社会主義政党が形成され、大衆政党に育っていった。それにともない、社会政策や社会保障のしくみも多少とも拡充されてゆく。にもかかわらず、西欧諸国での労働者政党の多くは、実際上、資本主義の枠内での社会民主主義的改良に重点をおき、資本主義自体の急進的変革は回避する傾向をまぬがれなかった。ドイツ社会民主党を中心とする第二インターナショナルに結集した東欧諸国の諸政党はマルクス主義によっていたが、そこにもその漸進的改良主義の傾向は影響を与え、修正主義論争を生じていた。帝国主義世界戦争の危機への反戦運動の戦略も明確に提示されえなかった。

こうした経緯にてらし、ホブズボームは、窮乏化革命論とあわせ、プロレタリアートがかならず革命的階級として組織的に結集すると述べているかぎり、『共産党宣言』の予言は失敗したとみているのである。この評価は、先進資本主義諸国については、第二次世界大戦後の高度成長期にもおおむね妥当していたように思われる。

とはいえ第三に、こうした評価を最終結論とするのでは、レーニンが『帝国主義』(1917)において第一次世界大戦の世界史的必然性と意義を解明するとともに、その破滅的災厄を労農兵の評議会(ソビエト)連帯運動による反戦闘争を社会変革に転化する方針をたて、マルクス主義による社会主義国家を実現したロシア革命とその後のソ連での社会主義建設の意義は軽視されすぎることになり、補整を要するのではないか。

実際、ソ連にネップ(新経済政策)期(一九二一〜二七)の市場社会主義的モデルによる経済再建を経て、その後の集権的計画経済による社会主義的経済建設が定着し、経済成長と都市部での雇用拡大が実現されてゆくと、資本主義世界の一九三〇年代の大恐慌との対比でも、その体制は世界的にも威信を高めていった。大恐慌への対応として、資本主義先進諸国がニューディール型の社会民主主義を強化するか、ファシズムによる統制経済による対外侵略路線を歩むかに分化していった経緯にも、ソ連型社会主義に対抗しつつ多大な影響をうける側面がふくまれていた。ファシズム枢軸国（独、伊、日）の挑戦に、社会民主主義型の同盟諸国が応戦し、ソ連も同盟国に参加して第二次大戦の未曽有の大災厄を生じたのであるが、その終息過程で、ソ連赤軍の進駐した東欧諸国や北朝鮮にソ連型社会主義体制が広がることとなる。さらに、戦後の植民地解放闘争の延長上に中国、キューバ、ベトナムなど途上諸国のなかにも社会主義を標榜する諸国が増していった。東西冷戦の時代に、世界のほぼ三分の一の人口は社会主義圏に算入されるにいたる。

こうして二〇世紀は、ロシア革命に始まる（社会主義）革命の世紀ともみなされていた。一連の社会主義への革命の大きなうねりは、ロシアを発端として、資本主義の中枢部に生じたとはいえない。むしろ世界資本主義のなかで、後発的で脆弱性をかかえていた資本主義諸国や、植民地ないし半植民地として従属的な位置におかれ続けていた諸国の独立への解放闘争を基盤として、周辺部革命としての特徴を示していた。周辺後発途上諸国には、いまなお資本主義的搾取抑圧からの解放をめざす急進的変革運動が民衆の支持をえやすい基盤が存続しており、二一世紀のマルクス派もその動向には注目し期待しているところはある。

しかし、かりに、『共産党宣言』は、資本主義の先進諸国に労働者の組織的運動が（窮乏化法則の作用を介し）成長し、社会変革を実現すると期待していたとすれば、こうした周辺部革命は、その期待にそむいて生じたことになる。しかし、前章でも見たように、晩年のマルクスは、資本主義に先行する共同体的諸社会の発展に多型的でかならずしも単線的な順序を経ない歴史も広く認められることに深い興味を示すとともに、ヴェラ・ザスーリッチへの手紙（1881）にみられるように、ロシアのスラブ的農村共同体が、資本主義化を経ずに社会主義への移行の基礎のひとつとなりうることも容認していたのであって、そこにはあきらかにこうした周辺部革命への可能性や期待も読みとれるのではなかろうか。

もっとも、戦後の資本主義世界の高度成長がゆきづまり、新自由主義に転換をせまられるなかで、社会主義ソ連にも予想されていなかった成長の「摩滅」と危機が訪れ、肥大化していた国家・党官僚の支配体制のもとで、その集権的計画経済とその非民主主義的体制の転換が容易にすまないまま、東欧革命（一九八九）とソ連解体（一九九一）を生ずるにいたる。のちに第6章でもあらためて検討するように、それに続くロシア、東欧諸国の資本主義化とそれに先立つ中国の一九七八年以降の改革開放政策による社会主義市場経済への体制改革とは、冷戦構造を終わらせ、資本主義の勝利を歴史の結論としたとするF・フクヤマ（1992）らの論調も広がっていた。

そのような歴史的背景を念頭におくと、ホブズボームが資本主義を変革する展望にかんしては、『宣言』の見通しははずれていると、一九九八年に述懐していたのもうなずけるところがなくはない。「二〇世紀のソヴェートの経験は、成功を事実上届かないところにおいた歴史的条件のもとでなら、『なすべきこと』をおこなわないほうがいいだろうと、われわれに教えた」（ホブズボーム 2011，邦訳一五八ページ）という彼の感慨にも同感するむきは多かったのではないか。

とはいえ第四に、こうしたホブズボームの述懐や感慨も過度に一般化されてはならないであろうし、『共産党宣言』に示されている資本主義社会の変革への展望は、『資本論』や晩年のマルクスによる資本主義の体系的研究の拡大深化に基礎をおく、資本主義の歴史的限界と諸矛盾の克服に向けた社会変革の多様で豊かな可能性を否認するものと誤解されてはならないであろう。

二一世紀型社会主義の多様な可能性へ

実際、その後の二〇年を経過するなかで、新自由主義的グローバル資本主義の発展は、資本主義自体に内在する不安定な世界恐慌を投機的バブルの崩壊により反復しつつ、格差を拡大し、ワーキング・プア、子どもの貧困、高齢者の生活難とケア問題など新たな貧困問題を深刻化しつつ、人間と自然とに破壊的荒廃作用をあらわにしつつある。その打撃は、グローバル経済化のなかで成長力を顕著に高めつつある中国、インド、その他のアジア途上諸国との競合関係のなかで衰退傾向を示す資本主義先進諸国内にも大きな動揺を与えつつある。

そこから、のちに第6章でもたちもどって検討するように、二〇世紀に先進的で代表的な社会主義のモデルとされていたソ連型の集権的計画経済体制へのオルタナティブとして、計画経済をあらためて民主主義的に実現する可能性とあわせて、東欧改革派が理念として重視し続け、事実上中国の体制改革にも影響を与えた分権的な市場社会主義の多様なモデルも多くのマルクス理論家から二一世紀に期待する社会主義への道とみなされるようになってきた。

選択可能なオルタナティブが拡大され、多様化されつつあるといえよう。それと同時に、かつてソ連型マルクス主義が、事実上資本主義を補完するものとして排撃しがちであった社会民主主義的福祉国家の体制も、新自由主義への代替戦略として位置づけるとともに、やがて土地やその他主要生産手段を公有化して、資本主義をのりこえる準備段階をなす、広義の社会主義として再評価する発想も広がりつつある。

しかもそのさい、ともにもっぱら国家主義的な再配分機能に期待していた二〇世紀型の社会主義と社会民主主義とは類型の異なる、二一世紀型の社会変革への多様な選択肢や可能性があらためて模索され関心を集める機運にある。そこにはソ連型マルクス主義が伝統的に排撃していた、民衆の自発性に大きな期待をよせるアナーキズムの運動や発想を、あらためて二一世紀型のマルクス派として再評価し、社会変革の重要な契機として活かしたいとする共通の関心や傾向も読みとれる。

ことに、地域社会の自然と人間の共生を、社会的連帯経済として草の根的な相互扶助的協力により促進してゆこうとする多様な試みが、重視されるようになってきた。たとえば、公的サービスもゆきとどかず、私的な家族関係でも支えきれなくなっている高齢者や子どものケアを相互扶助的な労働者協同組合のしくみなど地域住民の協力組織で補充したり、太陽光、風力、水力、地熱を利用するソフトエネルギーをはじめ、地産地消の地域経済の活性化にむけた各種の協同組合企業を連携して拡大したり、それらに役立つ地域通貨のしくみを形成する市民の自発的活動が関心を集め、各地に育つ傾向がめにつく。地方自治体のなかにも、そのような諸活動を、住民のN

GO、NPOとともに、地域社会再活性化のために尊重し、協力しようとする姿勢をとりはじめている事例は、海外でも国内でも増加しつつある。

国家主義的な官僚の裁量や審査の過程にスティグマ（恥辱感）がつきまとう現行の生活保護のような社会保障の問題点を払拭しうるベーシックインカム（BI）が、（小沢修二（1992）により都会での一人暮らしの生活保護や障害基礎年金などの月額を参考に提唱されたように）、一人月額八万円ていど社会全員に一律に支給されるしくみが実現されれば、そのような社会的連帯経済への協同組合的相互協力も、格段と組織しやすくなるのではないか。BIの効果として、消費生活における規模の経済の観点から、シェアハウスや各種のシェアエコノミーの発想もあらためて促進される公算が高い。

こうした社会変革への地域住民の協力組織の草の根的成長は、『共産党宣言』もいうように、内容上は、働く人びとのインターナショナルな連帯性を求めつつ、「形式上は国民的闘争」（マルクス、エンゲルス 1848, 邦訳五五ページ）として、集約される側面をもち、国家の機能や役割の変革を、広義の社会主義的方向に推進してゆくことにもつうじているはずである。資本主義のもとでは、労働者運動がときおり勝利をおさめても、一時的なものとなりやすく、闘争の本当の成果は、働く人びとの団結の成長である（同、邦訳五二ページ）という指摘は、多様化されて広がりつつある人びとの協力組織にもあてはまるに違いない。資本主義の長期的律動のなかで、マルクスとエンゲルスの時代から、なんどかくりかえされてきた社会主義労働運動の大規模で深刻な後退期を、われわれはソ連型社会崩壊の打撃をふくむ新自由主義のもとでほぼ四〇年にわたりふたたび経験してきた。

それをつうじ、新自由主義のもとで、現代世界に深まる人間と自然の荒廃は、あい闘う資本家階級と労働者階級との社会的存続自体をともに危うくし、あい争う階級の「ともだおれをもって終わる」（同、邦訳三九ページ）おそれさえ現実に生じつつあるのではなかろうか。そのようなまさに人類史的危機の深まりは、たとえば水野和夫（2014）や中谷巌（2012）らの非マルクス学派からも提示されている、多様な資本主義終焉論への関心の広がりにも、反映されている。

資本主義の未来への閉塞感のなかで、資本主義の世界的発展性とともに、その矛盾した社会システム自体をのりこえる働く人びとの協力、団結の任務と可能性を古典的に提示した『共産党宣言』の魅力にも世界的なフォーカスがあてられるのは自然なりゆきでもある。さきにもふれた最近のフランス映画『マルクス・エンゲルス』も、若き日の両著者の出会いからこの『宣言』執筆までの印象深い映像を伝え、その現代的意義を問いかけていた。

新自由主義のもとで、世界と日本の政治経済に生じている諸問題に批判的考察を加えつつ、地域社会に草の根的に芽生えている多様な相互扶助的協力組織の拡大と、労働運動再活性化への試みとを連動させる方途を探り、二一世紀型社会主義の再生にともに協力してゆきたい。世界の多くの仲間とともに『共産党宣言』をあらためて読み返しながら。

第4章　『資本論』をどう読むか

マルクスは、一八四八年初頭にエンゲルスとともに『共産党宣言』を執筆し公刊した直後に生じた、フランスの二月革命、ウィーン、ベルリンの三月革命などのヨーロッパ諸国に広がる社会変革へのうねりに期待し、それを支援するために六月には『新ライン新聞』を創刊し、論陣を張った。しかし、革命情勢が鎮圧されてゆくなかで、翌四九年五月には、『新ライン新聞』も最終赤刷り号をもって終刊せざるをえなくなり、自らもその年八月には三一歳でロンドンに亡命をせまられる。

父親譲りの綿工業資本家でもあったエンゲルスの支援もうけつつ、マルクスは、その後大英博物館の図書館を仕事場とし、後半生をかけて文字どおりライフ・ワークとして、主著『資本論』の準備と執筆にとりくんでいる。

想像を絶するその周到な学問的準備過程で、マルクスはこの大規模な主著全体にわたる大部の草稿を三度も体系的に書き上げている。第一草稿は『経済学批判要綱』(1857-58)であり、その翌年にはその主著を分冊で出版する予定をたて、『経済学批判(第一分冊)』(1859)を執筆し刊行している。第二草稿は、二三冊の大部な『経済学批判』(1861-63)であり、そのうちの第六～一五冊と第一八冊から『剰余価値学説史』がのちに編集され、公刊される。第三草稿は、『資本論草稿』(1863-65)であり、この草稿から主著の表題が『資本論』とされ、「経済学批判」はその副題とされるにいたる。

この主著『資本論』の理論体系によって、マルクスが創始した唯物史観としての人類史の総括にも、それにもとづく『共産党宣言』におけるプロレタリア革命への展望にも、学問的論拠が与えられることとなったと考えられる。

そうであるだけに、『資本論』をどう読むかは、現代の資本主義世界に生じている深い広範な危機をその根本から理解し、それをのりこえてゆく方策を再考してゆくためにも、きわめて重要な意義を有しているといえよう。

本章では、こうした問題関心を念頭に、以下、『資本論』をどう読むか、とくにその方法論的特徴をめぐり、いくつかの論点をあらためて考えてみよう。

1　課題と方法

何をあきらかにしているのか

『資本論』はわかりやすい書物ではない。しかも大部である。全三巻のうち、第一巻はマルクスが四九歳になった一八六七年に刊行され、七三年には改訂第二版もつくられている。しかし、第二巻はおもに第一巻初版刊行後にあらためて書かれた草稿にもとづき、第三巻はおもにそれにさきだつ一八六三〜六五年草稿にもとづき、マルクスの没後、残された膨大な手稿から、エンゲルスが苦心を重ねて編集し、八五年と九四年にようやく刊行したものである。そのため未完の草稿の性質も多分に残されているところがある。そうした理由もあって全三巻を読みとおすには気力と根気がいる。

にもかかわらず、ＢＢＣのオンライン世論調査でも過去千年紀最大の思想家とされた著者のこの主著は、あきらかに社会科学最高の古典のひとつであって、資本主義市場経済の基本的しくみとその内的矛盾を解明する、豊かで深い批判的知性の理論的思索の体系をなしている。その知的魅力に惹きつけられて、読書会や研究会でいっしょに読んでみようとする試みが世界中に広がり続けている。『資本論』の解説書、手引き、注解、研究書なども数を増す一方である。拙著『「資本論」を読む』（講談社学術文庫）もそのなかで幸いに版を重ねている。いまやマンガも一役を演じているようだ。

とはいえ、『資本論』の豊かで深い思索のおりなす理論体系の魅力は、それらの手引きや研究書で十分理解できるものとは思えない。ぜひ『資本論』自体を読んで、マルクスの思索の魅力的深さをともに味わい、現代にそれをどう活かすかを検討する試みを世界の仲間とも重ねあわせてゆくよう、お願いしたい。

『資本論』は何をあきらかにしようとしている書物か。その第一巻初版への「序文」で、著者は「この著作で私が研究しなければならないのは、資本主義的生産様式であり、これに対応する生産関係と交易関係である」（マルクス 1867, 邦訳①二三ページ）と述べて、その課題を明示している。その課題は「近代社会の経済的運法則をあきらかにすることがこの著作の最終目的である」（同二五ページ）とも表現されている。

この課題にとりくみ近代資本主義社会の経済的しくみとその運動法則をどのような方法によって考察してゆくのか。その方法がわかれば、『資本論』も読みやすくならないか。しかし、マルクスは『資本論』の課題を提示するとともに、同じ「序文」で、資本主義的生産様式が典型的に示されている場所は、これまでのところイギリスであり、そのためイギリスが理論展開の主要な例解として役立つことは認めているものの、イギリスの史実からいかに資本主義経済の理論的考察が体系的にとりだされることになるかをふくめ、その方法論を積極的に示そうとはしていない。

もっとも、『資本論』の最初の準備草稿『経済学批判要綱』の「序説」では、マルクスは、生産、分配、消費、交換などをあつかうさいに、従来の（古典派にいたる）経済学が、ブルジョア社会を自然視して、それにさきだつ諸社会の経済生活にも共通する側面と、ブルジョア社会に特有のしくみとをたえず混同する傾向を批判し、そのうえで、特殊な歴史社会としての資本主義経済の特性を理論的に解明するみずからの経済学の方法論的特徴を包括的にあきらかにしようとする試みを示していた。

とはいえ、ブルジョア社会としての資本主義社会の歴史的特性を、それに先立つ諸社会の経済生活のしくみと比較し横に並べ比較して考察しようとするのではない。

「ブルジョア社会は、最も発展した、またもっとも多様な、生産の歴史的組織である。だから、その諸関係を表現する諸範疇は、そのしくみの理解は、同時に、没落しさったすべての社会形態のしくみと生産関係への洞察を可能とする。」「すなわち、人間の解剖は猿の解剖のひとつの鍵となる。」（マルクス 1857-58, 邦訳Ⅰ五七〜五八ページ）というのである。

印象に残るこの比喩により、マルクスはここで、経済学は、あくまで資本主義経済を考察対象としつつ、その理論的解明をつうじて、人類史的にそれにさきだつ過去の諸社会の洞察にも役立つ可能性に注意を促していた。

そのような観点から、A・スミス（1776）やD・リカード（1817）の古典派にいたる、非歴史的な自然主義の経済学の問題点を検討しつつ、みずからの特殊な歴史過程としての資本主義経済の理論的考察の意義をあきらかにしようとしながら、マルクスはまた、古典派経済学にいたる経済学の歩みをふりかえって総括し、そこでは経済学の研究がつぎの二つの局面を経てきたとみなして「経済学の方法」を論じている。

すなわち、経済学は、ある国を考察する場合、その国の人口をとりあげることからはじめるが、さしあたり混沌とした人口の表象から、まず人口を構成する諸階級、さらには諸階級を成り立たせる、資本、賃労働、労働、分業、貨幣、価値などの個々の基本的諸契機に分析をすすめる下降過程をたどった。それは、経済学が一六世紀以降における資本主義の生成過程で独立の学問領域として発生するさいにとった方法であった。ついで、そのいわば帰納法としての歩みのなかで抽象され確定された単純な諸概念から、多くの諸規定から成る豊かな総体としての人口、国家、世界市場に上向してゆく「後方への旅」がはじまる。この後者のいわば演繹法による経済学の試みこそ「学問的に正しい方法である」（同、邦訳I五〇ページ）というのである。

それは、分業とその効果から考察をはじめたスミスの『国富論』や、価値論を投下労働価値説に純化して経済学の原理的展開の発端においたリカードの『経済学および課税の原理』の体系を、学問的に高く評価して、それらの展開方法を、経済学の生成過程における学問的成果として継承しつつ、その自然主義的な非歴史的制約には「経済学批判」としての省察を加えて、ブルジョア社会の人類史的歴史性を理論的に解明する独自の経済学の原理的体系を提示しようとする、マルクスの批判的方法を提示しようとする意図を示していた。

そのような発想にもとづくマルクスの資本主義経済の理論的考察は、あきらかに前章でみた独自の唯物史観を「導きの糸」としつつ、その史観の学問的基礎を経済学の基礎理論によって根拠づける相補的関係のもとにおかれている。とはいえ、唯物史観が古典派経済学の自然主義的理論に残された諸問題を解決してゆくために、直接に適用され役だつ方法論をなしていたとはいえない。唯物史観は資本主義経済の基礎を理論的に解明するさいの重要な参照枠組みとなるにせよ、古典派経済学の理論体系に残されていた多くの未解決の問題は、それぞれに史実と論理にしたがい、学問的に解明されてゆかなければならないところであって、それらの解決は唯物史観に依拠すればただちに導ける作業ではなかった。

端緒としての商品とその価値形態

たとえば、『経済学批判要綱』でのマルクスは、ブルジョア社会としての資本主義社会の複雑な経済的しくみを、その歴史的特性にそって解明することにより、非歴史的な古典派経済学の限界を批判し克服する理論体系を構成する課題自体は明確にしつつあったにせよ、その原理的体系をどのような基本的範疇から始めるか、古典派的な貨幣論の狭さをどう克服し貨幣の謎を解くか、資本による剰余価値生産の合理的基礎をいかに理解しうるか、さらにはその理論的展開をどのような規定で締めくくることになるのか、などの諸問題にはっきりした見通しを立てていたとはいえない。

実際、『経済学批判要綱』の「序説」に続く本論の主要草稿は、その発端を明確にしていないまま、「II貨幣にかんする章」からはじめられており、その後の本論の大部分を占める「III資本にかんする章」を経たのちに、ごく短い断章「I価値」がリカードの原理の発端を想起させる表題で書き始められたところで終わっていた。

しかし、スミスやリカードの労働価値説が、有用な使用価値を持つ生産物に投下される労働時間による交換価値の量的決定と、その労賃、利潤、地代への配分関係の解明に考察を集中しているのに対し、マルクスはやがて、その資本主義的しくみを形成する基礎となる商品経済の歴史的に特殊な社会的関連構造を、商品、貨幣、および資本の価値の形態的展開から理論的にあきらかにしてゆくことになる。その発端は、『経済学批判要綱』に続く『経済学批判（第一分冊）』（1859）でほぼ明確にしているように、市場経済とそれにもとづく資本主義経済の基本形態をなす商品の分析におかれなければならない。しかも、商品の二要因を分析するさいに、それぞれの商品の有用性としての多様な使用価値にたいし、その価値概念を二重化し、他の商品に対し交換を求める交換価値の形態と、その背後の社会的実体としての労働の量関係との重層的関連において商品価値の相互関係を考察してゆくこととなる。

とりわけ、使用価値を異にする諸商品が平等に他の商品との交換を求める価値の形態関係のなかから、貨幣が（古典派経済学の理解していたように）たんなる交換の媒介手段にとどまらず、直接的交換可能性を独占する商品として、商品世界の富を代表する位置に析出されるのはなぜか。この貨幣の謎を理論的に提起し、解明した商品の価値形態論は、古典派経済学にはみられない、『資本論』に独自の価値論の展開を示すところであった。

たとえば、ある商品リネン二〇ヤールを上着一着と交換したいとするさいに、交換を要請する商品リネンは、上着を等価形態におき相対的価値形態としてその価値を表現する。そのかぎりでは、等価商品に選ばれた上着にリネンとの直接的交換可能性が与えられる。それを萌芽形態として、多くの諸商品から一般的等価商品に選ばれる商品が（たとえば金に）確定されてゆくと、そこに貨幣商品が成立し、あらゆる他の商品との直接的交換可能性を独占する位置におかれる。諸商品の貨幣にたいする交換要請は、一様な価格形態に示される。

それにともない、あらゆる商品との直接的交換可能性を付与された貨幣は、たんなる交換手段にとどまらず、商品経済世界での富の代表として蓄蔵され、支払い手段として役立ち、さらに世界貨幣としても用いられ、(古典派にさきだつ重商主義の経済学が重視していたような)広く多様な機能を有することも容易に理解できるようになった。

市場経済と資本主義的生産

それと同時に、こうした商品の交換取引やそれにもとづく貨幣の生成をもたらす市場経済の基盤は、資本主義に先行する共同体的諸社会の内部における労働過程やその成果の生産物の現物形態での互酬や再配分の社会的慣行やその人格的身分支配のしくみにはなく、むしろ共同体的諸社会やその成員が他の共同体的諸社会やその成員と接触するところに、武力による征服路線とは異なる、平等対等な交易を求める関係として、古くから生じていたことも、マルクスにより明確にされている。

それは、A・スミスが人間に内在的な交換性向に商品交換の自然的源泉を求めていた認識と対照的な理解を史実にそって示すところとなっている。その延長上に、貨幣を用いて(商品を安く買って高く売り)貨幣を増殖する商人資本的形式や、多くの場合それに付随して生ずる金貸し資本的利子生み資本の形式での貨幣の自己増殖運動も、共同体諸社会のあいだにはじまる商品流通の発達にもとづき、人類史上古くから出現していたことも理論的にあきらかされる。

資本主義社会は、古くから共同体的諸社会のあいだをつなぐ交易関係に由来する、商品、貨幣、資本からなる市場経済の諸形態が、人間の労働力を社会的規模で商品化することにより、資本が生産手段のみでなく労働力も商品として購入し、商品による商品の生産を全面化してゆく特殊な階級社会をなしている。その歴史的前提は、マルクスのいう資本の原始的蓄積によりととのえられた。

資本の原始的蓄積は、一六世紀にはじまる西ヨーロッパ諸国の商人資本による世界市場の形成とそれにともなう貨幣財産の集積と、それにうながされた農村共同体の解体が、とくにイギリスで典型的に進展したように、牧羊場や近代的農場にむけた土地の囲い込み（エンクロージャー）運動による耕地の私有財産化と、それにともなう大量の農民の二重の意味での自由な（農奴身分と主要生産手段とから解放された）労働者への転化を主要内容としていた。

『資本論』は、こうして成立した資本主義社会が、労働力の商品化にもとづき、商品経済を形成する価値の形態的関連のうちに、あらゆる社会をつうじ経済生活の原則的基礎をなす労働・生産過程を全面的に資本の生産過程として包摂して、唯物史観における経済的下部構造が自律的運動を展開する原理を解明している。それにともない、諸商品の価値の形態としての価格関係が、その背後の社会的労働量の相互関係を価値の実体としてつつみこみ、労働の量関係に法則的に規制される社会的必然性が与えられることが、理論的に明確にされる。

たとえば、『資本論』では、資本の価値形成過程がほぼつぎのような数字例で考察されている。すなわち、紡績資本家のもとで働く労働者が、労働力商品の価値の形態としての賃金三シリングを介し、日々の労働力の再生産に必要な生活手段に対象化されている必要労働六時間を、労働力商品の価値の実体として受けとり、六時間を労働力商品の使用価値として資本家にひきわたして紡績工場で働くことで、二〇時間を対象化している一〇キロの綿花を綿糸に加工し、その間紡錘四分の一個に相当する四時間分の機械の摩耗をともなうとすれば、生産手段（綿花と機械の摩損分）にふくまれていた二四時間の過去の労働に生きた労働六時間を加えあわせて三〇時間をふくむ綿糸一〇キロが産出される。さしあたり、この紡績過程で必要労働六時間をこえる剰余労働がおこなわれていないとし、同様に、生活手段も、綿花も、紡錘に代表される機械も、その生産過程が剰余労働をともなわないものと想定すれば、労働力と生活手段がそれぞれの価値の形態として三シリングで、六労働時間の価値の実体を商品として表現し、等労働量の交換を実現するように、綿花も紡錘をふくむ機械も、すべての商品が価値の実体に比例する（この場合、二労働時間で一シリングの）価値の形態としての価格を介し、等労働量の交換関係を維持する法則的必然性を与えられることになる。労働生産物に、それより不利な価格が生ずれば、生産は縮小されざるをえなくなり、社会的ニーズをみたせなくなるからである。そこに価値法則の核心が示されていると読むことができる。

むろん、資本主義のもとでは、マルクスが続いて述べているように、価値形成過程は、必要労働の範囲にとどめられることはありえない。必ず剰余労働をともない、労働力商品の使用価値として資本にひきわたされる日々の労働時間のうち、必要労働をこえる剰余労働部分が、資本の取得する剰余価値の社会的源泉をなし、価値形成過程は価値増殖過程に延長される。さきの例で、労働力の使用価値が六時間の必要労働をこえ一二労働時間となるならば、紡績労働者は、二〇キロの綿糸を産出することになり、そこには生産手段から移転される過去の労働四八時間に生きた労働一二時間が追加されて六〇労働時間が対象化されることになる。そのうち六労働時間の剰余労働が資本の生産する剰余価値の社会的源泉となる。それが労働者に帰属しないのは、労働力が商品として販売され、その価値の実体としての必要労働六時間がその形態としての三シリングを介し労働者に支払われ、一二時間の労働がその商品の使用価値として資本家にゆだねられているからである。それは盗みでも詐欺でもない。商品経済の法則にしたがった合理的で合法則的なしくみをなしている。（もっとも、価値法則の核心的部分として、価値形成過程論で示されていた生産手段と必要労働の価値実体の補填原理は、剰余労働にはおよばないので、右の例では、剰余労働六労働時間が紡績資本家にかかならず同量の剰余価値を取得させることにはならず、そのかぎりで、価値の形態としての価格が剰余労働の資本家間での市場での再配分関係をふくみ、価値実体と不比例となる余地をもたらすことに、注意しておきたい）。

資本主義を自然的自由の秩序として理想化していた古典派経済学において、資本主義存立の基本原理ともいうべき剰余価値生産のしくみが解けなかったのに対し、むしろその経済秩序の特殊な歴史性を批判的に解明しようとしたマルクスの経済学により、そのしくみの合法則的で合理的な成立の論理が発見されたことは、意外な逆説といえる。それは理論的には商品の使用価値に対する価値の形態と実体の重層的関係性を追求する『資本論』の展開が、資本主義の基本前提をなす労働力の商品化に適用された成果と読むべきであろう。

その成果にもとづき、『資本論』の経済学は、さらに資本主義経済が、剰余労働による剰余価値生産を増進するために、いかに生産諸力を上昇させ、協業、分業、機械制大工業を発達させるかをあきらかにしている。さらに資本が社会的に生産する剰余価値が、いかに諸資本の競争と信用をつうじ、利潤、商業利潤、銀行利潤、利子、地代に分化し（先にふれた剰余労働の資本家間での再配分関係を法則的に決定するしくみを形成しつつ）、それらを取得する産業資本、商業資本、銀行資本、貸付資本、および近代的土地所有がどのように有機的に編成されることになるかにも理論的展開をおよぼしている。

資本主義経済の原理論の体系

その理論体系は『経済学批判要綱』にくらべ大幅に拡充されている。『要綱』執筆の前後に、マルクスはその主著の執筆プランをいくつか書き残している。たとえば『経済学批判（第一分冊）』の「序言」の冒頭では「わたくしはブルジョア経済の体制をつぎの順序で考察する。すなわち、資本、土地所有、賃労働。国家、外国貿易、世界市場」と述べている。そのうち、資本の項は、当時の他のプランではさらに資本一般、競争、信用、株式資本と区分されていた。『要綱』の資本にかんする章は、あきらかに資本を賃労働との関係で社会全体として考察する資本一般の枠内で考察するにとどめていた。これにくらべ、『資本論』は、あきらかに諸資本の競争、信用、さらに土地所有の資本主義における原理的位置も解明する体系をなし、それにさきだち賃労働の原理も示していると理解してよいであろう。その意味で、執筆プランの前半体系といわれる資本、賃労働、土地所有は、『資本論』において、近代社会の（資本家、賃金労働者、および土地所有者からなる）三大階級の経済的基礎をめぐりその原理的考察をほぼ完成させていると読んでよいであろう。

しかも、その理論体系は、資本主義経済の体制を、古典派経済学のように自然的自由の秩序とみなし予定調和をもたらすしくみとして考察するのではない。むしろ特殊歴史的な資本の生産諸関係を商品経済的に自律的に存続させ、その内的矛盾の発現とその解決を法則的に反復する運動を形成するところとして解明している。それにともない、『資本論』では、資本の蓄積過程における生産諸力の増進が、その内的矛盾の現実的展開として、剰余価値と資本自体の自己破壊を生ずる経済恐慌を、不可避的にその一局面として好況と不況とが交替する景気循環の法則的運動のしくみにも、原理的考察を体系的に深めている。

その理論体系は、こうして資本主義社会の経済的しくみと運動法則の基本原理を、人類史的に先行する共同体的諸社会のしくみとははっきり異なる歴史性を有する特殊な階級社会として解明するところとなっている。それによって、先行する共同体的諸社会のそれぞれの特性やそれらと商品経済との関連の特徴などを検討するうえでも、重要な考察基準として役立ちうる。と同時に、資本主義の世界史的な発生、成長、成熟の諸段階やさらにその後の現代資本主義の異なる諸局面における資本主義の変容を、その基礎となる主要産業とそれにもとづく支配的資本の具体的変化、さらにはそれに対応する国家、外国貿易、世界市場編成のしくみや役割の変化を考察するうえでも不可欠な考察基準となる。

とはいえ、マルクスの主著の執筆プランの後半体系をなす、国家、外国貿易、世界市場の考察は、『資本論』における商品論に始まる資本主義市場経済の抽象的な原理的考察を同じ次元で演繹的に延長して展開可能であったかどうか。

むしろレーニンが、『資本論』を考察基準としつつ、より具体的な一九世紀末以降の重工業の発達にもとづく金融資本の形成が、帝国主義段階としての列強の資本の輸出とその権益をめぐる世界市場での植民地・半植民地の再分割闘争を激化してゆき、第一次世界大戦をもたらした経緯を、資本主義の発展段階論として提示した方法が、その意味で重要な意義をもっていた。宇野弘蔵（1962）がそれを重視し、マルクスによる経済学の研究は、『資本論』のような資本主義経済の原理論と、それにもとづき資本主義の世界史的発生、成長、爛熟の過程を重商主義、自由主義、帝国主義の各段階に分けて考察する発展段階論と、それらを考察基準とする現状分析の三次元に体系的に区分する三段階論の方法を提唱したのは、いまではよく知られているところである。

こうした方法論的整理にしたがい、『資本論』は、経済学の原理論をほぼ完成した理論体系をなし、そこに資本主義の発展段階に応じて具体的に考察すべき国家の政策手段や政策目的の変化などの分析はふくまれないでよいと読みとることは、適切ではなかろうか。それは、資本主義の複雑で豊かな歴史的変化をつうじ、その基調に、商品関係に基礎をおく自律的経済システムを、社会の上部構造から相対的に独立性をもって、資本の価値増殖運動のもとに編成する歴史的特質があることに由来する、いわば唯物論的方法による。もともと有機的全体を構成している政治と経済との相互関連をたんに便宜的に分離して専門研究の対象とする方法によるものではない。それは、考察の対象とする資本主義の自律的な発展そのものに、その理論的考察の方法を読みとる、社会科学としての経済学に特有な抽象方法を示すこととともなっていたといえよう。

2　個別的なものから一般的なものへ

方法論はなぜ省略されたのか

『資本論』は、こうしてその商品論にはじまる理論展開の内容において、経済学が考察の対象としている資本主義市場経済のしくみとその自律的運動法則の原理を、その特殊な歴史性にそくして解明する課題を、完結した体系として提示することとなっていた。それによって、社会科学としての経済学の原理論が体系的に完成されつつあったと考えられる。それと同時に、資本主義の世界史的発展段階の推移に応じた、国家、外国貿易、世界市場編成についてのより具体的な段階論的研究やさらには現状分析にも、方法論的考察基準が与えられることとなったと考えられる。

ところが、マルクスは、その主著のこうした理論体系の方法論的意義や特徴をあらためて明確に読みとれるように、『経済学批判要綱』の「序説」で用意しはじめていた「経済学の方法」をしあげようとはしていなかった。むしろ『要綱』執筆の翌年に刊行した『経済学批判（第一分冊）』の「序言」で、マルクスは、こうした「経済学の方法」をふくむ「ざっと書き終えた一般的序説を、わたしはさしひかえることとする。というのは、これから証明してゆこうとする結論を先取りして述べるようなことは何でもじゃまになるように思われるし、それにいやしくもわたくしについてこようとする読者は、個別的なものから一般的なものへとよじのぼってゆく覚悟をきめなければならないからである。」（マルクス 1859, 邦訳一一ページ）と述べている。これは『資本論』にも継承されている、きわめて重要な省察ではなかろうか。そこにはどのような含意がふくまれているのであろうか。（ことにヘーゲルは『大論理学』の「概念」論でも一般、特殊、個別の弁証法を示し、マルクスもこれにならって『経済学批判要綱』での主著のいくつかの執筆プランのなかで、「資本」を一般、特殊、個別の順であつかう構想も示しているので、ここであえて個別から一般へとしていることに興味をひかれる）。

さしあたり、『資本論』の読者としてのわれわれには、資本主義的生産様式が支配的な社会の経済的しくみと運動法則を、その先進的な典型を示しているイギリスを主要な例証として考察してゆく課題は示されてはいるが、その考察からえられる結論はどのようなものとなるか、またそれをみちびく方法はどのようなものか、あらかじめ先取りして一般化することは、理解を妨げるおそれもあると注意されている。そこには簡単にのりこえられないつぎのような諸問題も伏在していた。

たとえば『要綱』の「序説」で「学問的に正しい方法」とされている単純な基本的規定から、資本主義を構成する近代社会の三大階級の原理的諸関係に上向的に展開をすすめる理論体系にしても、古典派経済学がそれを自然的自由の秩序とみなして構成していたのにたいし、『資本論』が批判的経済学として、資本主義市場経済の特殊歴史性をその内的矛盾の展開をふくんで解明する接近方法のちがいは、演繹的上向法一般ではただちにあきらかにされないであろう。そこからさらにふみこんで、商品を基本形態とする市場経済の人類史的に古くから出現している諸形態の歴史性と、それにもとづき労働力の商品化をともなう近代以降の資本主義経済の特殊な階級社会としての歴史性を、商品論からはじまる『資本論』の理論展開を離れて、その展開をみちびく方法論としてあらかじめ抽象的に一般化して定式化することは、できるものであろうか。

そうした試みは、むしろ学問的裏付けを欠いた思弁的方法論になりかねないのではなかろうか。たとえば、かつてのソ連マルクス主義経済学は、ソ同盟科学院経済学研究所の『経済学教科書』(1954)において、「マルクス主義経済学の方法は、弁証法的唯物論の方法である。マルクス・レーニン主義経済学が土台としているのは弁証法的唯物論と史的唯物論との主要命題を、社会の経済制度の研究にあてはめることである。」(ソ同盟科学院経済学研究所 1954, 邦訳 (1) 一〇ページ) と述べていた。そこでは、ヘーゲルの観念弁証法を逆転してえられた唯物論的弁証法を人類史に適用して唯物史観が形成され、その史観を資本主義に適用して資本論の経済学が形成されたとする方法論が想定されていた。

これに近い発想がマルクス自身にまったくなかったとはいいきれない。たとえば『資本論』「第二版後記」において、『資本論』の方法をとりあつかった、ペテルスブルグのI・カウフマンが、マルクスによる資本主義経済の探求は、その秩序の「発生、存在、発展、死滅を規制する」諸法則を解明することにある、と紹介していることを高く評価し、それはまさに弁証法的方法であり、しかもそれはヘーゲルの弁証法とは正反対のものである、と指摘している。加えてつぎのように述べている。すなわち、「弁証法はヘーゲルにあっては頭で立っている。神秘的な外皮のなかに合理的な核心を発見するためには、それをひっくり返さなければならない」。合理化された弁証法は、ブルジョアジーやその代弁者には恐ろしいし、腹立たしい。「なぜなら、それは現状の肯定的理解のうちに同時にまたその否定、その必然的没落の理解をふくみ、いっさいの生成した形態を運動のなかでとらえ、したがってまたその過ぎ去る面からとらえ、なにものにも動かされることなく、その本質上批判的であり、革命的であるからである。」(マルクス 1867, 訳①四〇〜四一ページ)。

しかし、ここでのマルクスの意図は、あくまで『資本論』の理論体系に示されている資本主義経済の考察をつうじて示される合理化された弁証法の意義を、ヘーゲルの観念弁証法を逆転した成果として述べることに重点があると読める。ソ連のマルクス・レーニン主義経済学のように、『資本論』の経済学にさきだって、唯物弁証法と史的唯物論が方法論としてまず一般的に成立し、それを資本主義の経済制度にあてはめるといった方法論をマルクスがここで抽象的に説いていたわけではないであろう。

本書の最初の二章でもみたように、マルクスはヘーゲル哲学に強くひかれながら、フォイエルバッハによる宗教批判をつうじ、人間主義的唯物論への観念弁証法の反転を継承しつつ、さらにそこでの抽象的ヒューマニズムの限界をのりこえて、資本主義のもとでの社会的経済的な労働者階級の搾取・抑圧機構とその克服の可能性をめぐって経済学の研究をすすめ、それを介して、唯物史観を創始し、それを「導きの糸」としてさらに経済学の批判的研究を深化させ、主著の準備をすすめていた。

その思索過程で実現されていったヘーゲル哲学の神秘的外皮からの解放による合理的弁証法や唯物論は、フォイエルバッハにおけるなお抽象的な人間主義的唯物論を、古典派経済学の自然主義的啓蒙思想の制約とあわせて克服する過程で、終始、経済学の批判的研究を基礎としてすすめられていた。その意味では、弁証法的唯物論にせよ唯物史観にせよ、マルクスにおいては、経済学の批判的研究、最終的にはその成果としての『資本論』の理論体系に学問的で合理的な根拠を与えられていると理解されてよいのではなかろうか。

『経済学批判（第一分冊）』の「序言」以降、マルクスが、その主著にさきだつ「経済学の方法」論を省略したのは、その意味で、むしろ考察の対象とする資本主義市場経済に内在する自律的発展のしくみと運動法則にそくしたその原理的考察の体系自体に、経済学の方法を読みとってほしいとする、読者へのメッセージとうけとれる。

たしかに、唯物弁証法とそれを人類史に適用した史的唯物論を、抽象的一般論としてまず哲学的に説くと、ヘーゲルの哲学における理念の自己展開としての観念弁証法をひっくり返すことにはなるが、その妥当性をどのように一般的に論証できるか、学問的には（認識論としても）困難な問題が残る。マルクスは、そこで、むしろ個別科学としての経済学が、その考察対象としての資本主義経済の歴史的に特殊な運動法則の原理を、史実と論理にしたがい客観的な学問的認識体系として解明する内容のうちに、ヘーゲルの観念弁証法を逆転してその合理的核心を弁証法的唯物論として認識し、唯物史観にも学問的論拠を示すことができる、という方法論を提示しているわけである。

それゆえ、マルクスの方法論といわれる唯物論的弁証もその観点での人類史の仮説的総括としての唯物史観も、哲学的思弁によるヘーゲル体系の転倒による抽象的で一般的な方法論としてえられたものでも、理解さるべきものでもない。人類史上に現れた多様な諸社会につうずる唯物史観も、さらには唯物論的弁証法も、人間の解剖が猿の解剖の鍵となるように、むしろ人類史のうえでは特殊な個性を有する資本主義社会について、経済的秩序と運動法則の基本原理を、その肯定的理解のうちに同時に否定の必然性をもふくむ運動のなかでとらえることで、その弁証法的意義が合理的に理解できることになる。

それが、方法論を省略して、マルクスがわれわれ読者に、「個別的なものから一般的なものへとよじのぼる」覚悟を求めていた、少なくともひとつの意義なのではなかろうか。

『資本論』の弁証法の多層性と原理論としての位置

そのさい、たとえば、①『資本論』における商品の価値の形態的展開による貨幣形態成立の発生論的考察に示される弁証法的論理と、②労働力の商品化にもとづく資本の蓄積過程がその内的矛盾の発現としての自己崩壊を周期的恐慌において示しつつ、その現実的帰結を不況期の「合理化」による生産方法の発展として反復する弁証的運動と、③それをつうじて露呈される資本主義経済の人類史的限界をのりこえ、唯物史観に示されていた「人類前史」としての階級諸社会の歴史を閉じて、無階級社会に道を開く弁証法的理解の筋道とを、一括して唯物弁証法の適用として簡単に抽象化できるものかどうか。

『資本論』は、むしろそれぞれの問題にそくした弁証法の論理を、資本主義市場経済の体系的原理の解明において、独創的に展開しているように読める。そこにも個別的な問題や課題にそくした弁証法の多層的で柔軟な理解と活用が求められているのではなかろうか。

『資本論』は、こうした配慮からも、唯物弁証法の合理的核心を経済学の方法論としてあらかじめ定式化することはさけて、その理論的展開自体からその方法論の精髄を読みとらせる体系をなしているのであるが、それればかりではない。

マルクスは、『資本論』執筆当時、イギリスを主要な例証として、他の諸国の資本主義に通ずる一般的な資本主義の原理が解明されるとみていた。『資本論』第一巻初版の「序文」でも、ドイツの読者に、イギリスのように「産業の発展のより高い国は、その発展のより低い国に、ただこの国自身の未来の姿を示しているだけである」と述べていた。

実際にはドイツや日本の資本主義はイギリスと異なり、一九世紀末以降、はじめから大規模な固定資本を有する重工業を移入して、賃金労働者に十分吸収しえない農民層を広範に残し、農業問題を重要な社会問題としつつ、国家の帝国主義的経済政策を重要な一面とする発達を示し、イギリスの発展の軌跡をそのままたどることにはならなかった。とはいえ、一九世紀中ごろにかけてのイギリスを考察の基礎として展開された『資本論』の原理的諸規定は、それとは異なる様相をともなうドイツや日本のような後発資本主義諸国の資本主義の発展についての段階論や現状分析におけるより具体的な研究への考察基準としても役立てられ、それぞれの国の産業的発展の特殊性を解明するうえでの一般的基礎理論として参照されなければならない関係にあった。

むろん『資本論』の原理的諸規定の体系に、その後の資本主義の発展にもとづき、株式資本としての資本の商品化の規定や、それにともなう景気循環の変容の論理などを補足する試みはすすめられてよいとも思われる。それにしても『資本論』のような原理的体系の基本的部分が一九世紀中葉までのイギリス資本主義の発展に抽象の基礎をおき構成されたことは、方法論的に何を意味するか。

マルクス自身は、帝国主義段階への資本主義の世界史的推転をみることなく一八八三年に亡くなっている。そのため、その主著執筆プランの後半体系にあげられていた、国家、外国貿易、世界市場の考察領域をふくみこまざるをえない帝国主義段階論や、第一次世界大戦以降の現代資本主義にみられる資本主義の主要諸国の類型の相違や、社会主義との対抗関係をも重要な一面とするにいたる経済政策の展開の現実的分析を、『資本論』のような原理的研究と方法論的にどのように区分し体系化するかは、考察しえなかった。

これにたいし、ヒルファディング（1910）やレーニン（1917）の帝国主義段階論への貢献を重視しつつ、宇野弘蔵（1962）は、マルクス経済学の研究次元を原理論、資本主義の世界史的発展段階論、現状分析に区分した三段階論の方法を提唱して、『資本論』を、資本主義の発展段階論と現状分析への考察基準となる資本主義の原理論をほぼ確立したものと位置づけ整備した。宇野によれば、マルクスの考察の基礎としていた自由主義段階にいたるイギリスに実現されていた資本主義社会の（三大階級への）純化傾向と、そこに実現される商品経済にもとづく経済的下部構造の自律的運動が、『資本論』での資本主義の一般的原理を抽象するうえで、他の資本主義の発展段階や現代資本主義には代えられないとくべつに適切な歴史的基礎をなしていた。そこにも、個別的なのものから一般的なものへよじのぼることを求めた『資本論』の意義を広く読みとる必要があるのではなかろうか。

3　社会変革の可能性

人類史上特殊な歴史社会としての資本主義

実際、『資本論』は、自由主義段階までのイギリス資本主義に考察の基礎をおきながら、たんなる一九世紀型の自由競争的資本主義の理論モデルにとどまらない、重層的な資本主義の歴史性を深く広く読みとらせてくれる。

すなわち、その理論体系は、労働力の商品化を徹底して確立される資本主義経済のしくみと運動法則をあきらかにする課題を追及しつつ、たとえば資本の蓄積過程論への補論として、重商主義段階におけるその歴史的発生過程の基本を資本の原始的蓄積過程として解明し、さらに発生期の資本主義の先進的産業組織をなしていた工場制手工業（マニュファクチュア）での熟練工を中心とする分業組織の作業を丹念にあつかい、それを大幅に不要化した機械制大工業による産業革命の意義を解明することで、資本主義の世界史的発生と確立の基本的筋道を理論的に考察している。

それればかりではない。資本主義に先立つ諸社会の内外に人類史的なスケールで存続してきた経済生活の原則的な基礎としての労働・生産過程の規定やそこでの剰余労働と必要労働の区分の意義を、もっぱら共同体的諸社会のあいだの交易関係に由来する商品経済の形態の外来的特性とあわせて考察する側面をもその体系は内包している。

こうした諸側面は、一九世紀中葉にいたるイギリス社会の（資本家と賃金労働者と土地所有者との）三大階級への分解・純化傾向を延長して「純粋の資本主義社会」を想定し、そこにくりかえされる経済的運動法則をその特有な機構とともにあきらかにする課題と方法論とを『資本論』から読みとり、経済学の原理論としてその理論体系を圧縮し純化した、宇野弘蔵の『経済原論』にも、内容的には引き継がれている。

実際、宇野は、マルクス経済学の全体としての研究諸領域を三つの異なるに次元に区分して、資本主義の世界史的発展段階や、現状分析としての史実にそくした具体的な国家の政策や世界市場編成の変化などもふくめた考察次元にたいし、『資本論』は、その考察基準となる経済学の原理論を解明する次元にある体系と位置づけ、その理論体系のエッセンスを、一九世紀中までのイギリス社会の発展傾向を延長して想定される純粋な資本主義社会の内部の機構と運動法則の解明に絞って純化してとりだす試みをすすめている。とはいえ、宇野による原理論の内容的も、実は『資本論』にならって、資本主義の特殊な歴史性を、人類史的視野のもとで、階級諸社会の発展変化のなかの一形態として位置づけ、その発生・成長・変容の基本的意義をも理解させる雄大で多層的理論体系として構成されている。

宇野は、そのような『資本論』の精髄を経済学の原理論として、価値論と恐慌論とを軸に独自の再構成をすすめるとともに、それを考察基準とし、一方で資本主義の世界史的発展段階論と現状分析の研究次元を体系的に位置づける方法論を提示していた。と同時に他方で、社会科学としての経済学の全体系が、資本主義の発展についての史実と論理にしたがう客観的認識の学問的考察を課題とし、社会主義思想や唯物史観とは役割を異にしており、それらの混同はさけなければならず、後者により前者の学問的妥当性が直接に導かれ保障されるものではないことも強調していた。こうした宇野理論の方法論的省察は、マルクスがみずから創始した唯物史観を「導きの糸」としつつ、『資本論』の経済学への方法論とは位置づけず、むしろ方法論を省略して、『資本論』自体に経済学の課題と方法を読みとらせる道を選んだ、まさに独特な方法論を慎重に考慮して現代的に活かす試みをなしていた。

そうした宇野の試みにつうじている意味でもまた実際に『資本論』は、特殊な歴史社会としての資本主義の原理的解明を課題としつつ、その理論体系において唯物史観の雄大な人類史の総括を学問的に裏付ける特性を有し、個別的なものから一般的なものへ認識をすすめる道を示している。その観点で読むと、『資本論』の理論経済学は、資本主義経済の原理論を主要課題としながら、そこに人類史的諸社会の発展・変化や、階級的諸社会の最後の形態としての資本主義の世界史的発生・発展にも理解を広げさせる不思議な万華鏡のおもむきと魅力をそなえているともいえる。

社会主義の学問的基礎

『資本論』の経済学が、こうして資本主義経済の特殊な歴史性を人類史的な視野で理解させるとともに、資本主義の生成・発展の変化を考察する原理的考察基準をも示していることは、資本主義経済のしくみを自然的自由の秩序として考察する古典派経済学や新古典派経済学とまったく異なるところである。その理論体系は、資本主義社会にいたる階級諸社会の歴史をのりこえて、直接生産者としての働く人びとが自由な個人のアソシエーションとして社会経済の民主的運営の主人公となり、自由、平等、人権の理念を現実化する社会変革の可能性を、学問的にあきらかにしていると読みとることもできる。その意味で、唯物史観としての人類史の総括とそれにもとづく『共産党宣言』の労働者革命へのよびかけに示されている社会主義思想に、『資本論』の経済学は、あきらかに学問的に客観的な論拠を与える意義を有しているといえよう。

そのような『資本論』の学問的特性と意義を、マルクスはカウフマンの論評を容認しつつ、資本主義の「現状の肯定的理解のうちに同時にまたその否定、その必然的没落の理解をふくみ」、「その本質上批判的であり、革命的である」とも述べていた。たしかに『資本論』の理論体系は、それまでの古典派経済学にたいし批判的で学問的に革命的な意義を有し、資本主義経済のしくみの合理的存立の肯定的理解のうちに、その没落の必然性を主張する論拠も理解させる弁証法的体系を特徴としている。しかし、ここでのマルクスのいう資本主義経済の「必然的没落の理解をふくむ」という表現は、簡潔すぎて、解釈によっては『資本論』で論証されていないことを主張しているように読まれるおそれもある。

『資本論』は、資本主義の特殊歴史性を原理的に解明して、そのしくみを変革の対象とする労働者革命の歴史観と運動への論拠を学問的に示し、変革の可能性をあきらかにはしているが、その変革の必然的な契機や経路を論証しているのかどうか。解釈が分かれるところであろう。『資本論』にさきだつマルクスは、資本主義の自律的発展がその内的矛盾の発現として生じさせる経済恐慌の破壊的打撃が、労働者による社会変革の契機となることに期待をかけていた。一八四七年恐慌の災厄にともなうヨーロッパ諸国の社会変革の気運のなかで、『共産党宣言』を執筆公刊し、一八五七年恐慌にも同様の社会変革への後期の訪れを期待しつつ『経済学批判要綱』の執筆を急いでいた。しかし、その期待は、その後の一八六六年恐慌もふくめて、裏切られる。それをうけて『資本論』では、周期的恐慌の必然性は、資本主義経済の特殊な歴史性をその内在的矛盾とともに露呈し、そのしくみの変革可能性を示すとともに、資本主義は恐慌とそれに続く不況の過程での創造的破壊と再編を経て、その矛盾を克服し、好況期をくりかえし再現する景気循環を独特な運動機構として形成することに、重点をおくようになる。

そこで、恐慌を資本主義崩壊の必然的契契機とみなす恐慌革命論は、『資本論』の読み方としては、H・グロースマン（1929）などにみられはするが、例外的で理論的説得力も有力ではない。

窮乏化革命論をどうみるか

ソ連型マルクス主義経済学をはじめ、かつての正統派マルクス経済学は、多くの場合、『資本論』第一巻第七編の資本の蓄積過程論における、つぎのような考察をいわゆる窮乏化革命論として高く評価し、そこに『資本論』の核心があるとみなしていた。

すなわち、資本の蓄積過程は、生産力の高度化を推進し、それにつれて生産手段にあてる資本構成を高度化し、労働雇用にあてる可変資本の比率を低下させる傾向が強い。その結果、相対的過剰人口としての産業予備軍が増大して、労働者階級の雇用条件を圧迫し、絶対的ないし相対的窮乏化傾向がさけられない。資本の蓄積はまた資本の集中をともない、社会の富と所得の両極分解をおしすすめる。その延長上に、確立された資本の蓄積過程に先行し、その歴史的前提条件となる労働力の商品化を、農民からの土地収奪によって準備した「資本の原始的蓄積」を史実にそくしてふりかえる補足的な章の最後の節で「資本主義的蓄積の歴史的傾向」をとりまとめるさいに、マルクスは、資本の蓄積は同時に資本の集中をともない、社会の両極分解をおしすすめ、それにともない生産過程に集積され「訓練され結合され組織される労働者階級の反抗もますます増大する。」そこで、「資本主義的生産は自然過程の必然性をもって、それ自身の否定を生み出す」（マルクス 1867，邦訳③四三七〜三八ページ）と述べていた。

こうしたマルクスの規定には、たとえばマルサスが自然法則として説いていた人口の過剰化と窮乏化を、資本蓄積の動態から生ずるものとしてあきらかにしつつ、それによって『共産党宣言』における社会変革の展望に理論的基礎を示す意図を読みとることができる。この側面は、現代世界のなかで新自由主義的先進諸国にも顕著に広がる富と所得の格差再拡大の傾向を長期統計分析によって摘出したピケティ（2014）の貢献をも介し、いまやしばしば『資本論』の現代的妥当性を示すところと再評価されているところでもある。

しかし、こうした窮乏化革命論は、マルクスの社会変革への期待をこめた展望を示してはいるが、『資本論』における資本主義経済の運動法則の理論的解明のなかで、その必然性が十分論証されていると読めるかどうか。

『資本論』の資本蓄積と景気循環の理論的考察においては、好況期には産業予備軍を吸収してゆく生産の拡大が続き、やがて労働人口に対する資本の過剰蓄積が生じて、労賃が上昇し利潤が圧縮される危機が生ずることも説かれている。むろん、労働者の生活条件がそれにともない改善される好況局面は、ついで恐慌と不況の局面では反転され、産業予備軍が再形成され、労賃もふたたび抑圧される。しかしこうした産業予備軍の吸収と反発、それにともなう実質賃金の上昇と下落の法則的反復をつうじ、産業予備軍が累進的に増大し、労働者の窮乏化が深化してゆく歴史的傾向の必然性が論証できるかどうかには、問題が残る。

むしろ資本主義は労働生産性の上昇の範囲内であれば、実質賃金の上昇を許容しても、剰余労働の搾取度をひきあげるか、あるいは維持して、剰余価値の生産とその資本への転化による蓄積をすすめうることも『資本論』の考察から読みとれる。

実際、そのような論理が働いて、一九世紀末から第一次世界大戦にいたる古典的帝国主義の段階や、第二次世界大戦後の高度成長期には、労働者の実質賃金と生活水準がむしろ傾向的に上昇して、市場拡大を支える一面もみられた。

これにたいし、資本主義先進諸国の高度成長が、その末期に産業予備軍の枯渇傾向による労賃上昇を重要な契機としてゆきづまり、その後の新自由主義のもとで非正規の劣悪な雇用が激増し、格差が顕著に再拡大し、ワーキング・プアなどの新たな貧困問題が激増しているのは、新自由主義の失敗をふくむ不況基調の慢性的長期化と相互促進的な問題状況をなしている。しかし、非正規の激増をともなう労働者階級の広範な部分の深刻な窮乏化は、それにともなう労働者組織とその抵抗を増大させているとはいえない。むしろ、労働組合の組織率や社会的役割は顕著に衰退させられ、非正規の劣悪な雇用がそれによってまた容易に拡大する悪循環がみられる。

そうしてみると、『資本論』にもとづき、マルクスが期待していた労働者階級の組織的協力により資本主義をのりこえる社会変革を求めてゆく道筋は、窮乏化革命論においてその必然性が論証されていると安心して読んでよいとは思えない。

たとえばレーニンは、『資本論』を原理的考察基準としつつ、あらためて一九世紀末以降の資本主義の新たな帝国主義段階としての世界史的変容を具体的な段階論的研究次元で解明し、それにもとづき列強の金融資本の世界市場再分割の政治的軍事的抗争による世界戦争の災厄に、祖国防衛戦争として労働者階級が容認し協力することを批判し、反戦運動を労働者、農民、兵士の評議会（ソビエト）による協力組織で、社会変革に転化する戦略課題をたてて、ロシア革命を領導した。それは、恐慌革命論や窮乏化革命論をそのまま踏襲するものではなかった。資本主義の世界史的発展段階論としての帝国主義論による反戦革命論を新たに戦略的に提示するものとなっていた。

現代世界においても、ベトナム反戦運動が、欧米マルクス・ルネッサンスを触発する学生・労働者運動の重要な契機となり、日本においても日米安保体制やそのもとでの戦争法案、憲法九条改悪に反対し、沖縄の反基地闘争に連帯する一連の反戦闘争は、労働者や学生の反体制運動の中心的課題のひとつとなり続けている。

とはいえ、現代の資本主義のもとで生じている深刻な多重危機は、戦争の脅威のみに集約されうるものではない。金融化資本主義のもとでの投機的バブルとその崩壊の反復による経済生活の不安定化、非正規の激増と労働条件の劣化、新たな貧困の拡大、少子高齢化社会の深刻化による人口減少と老後の生活難、原発の過酷事故や地球温暖化をふくむ深刻な自然環境破壊や大洪水の多発などをもつうじ、人間と自然の広範な荒廃化をもたらす多重危機の進行が現代の資本主義のゆくえに閉塞感を増している。

資本主義の終焉論が非マルクス学派までふくめてあらためて広い関心をよんでいるのは、こうした閉塞感の反映ともいえる。

とはいえ、他方で、マルクスの思想と理論にもとづき、資本主義をのりこえる社会変革の実験を大規模にすすめていたソ連型社会が、一九八九年の東欧革命と一九九一年のソ連解体により崩壊し、『資本論』に示されている資本主義変革の可能性をどのような道筋で追求しうるかにも混迷感が広がっている。

こうした歴史の進路をめぐるおり重なった多重危機のなかで、『資本論』をどう読むか。そこにも、レディメイドの方法論やそこからみちびかれる明快な戦略や二一世紀型オルタナティブとして新たな社会構想が安易に期待されてはならない。むしろ、資本主義とはなにか、『資本論』が市場経済にもとづくそのしくみと運動法則の特殊な歴史性に体系的な原理的考察をすすめた成果にたちもどり、その現代世界における意義を資本主義とそれをこえる社会変革の可能性をめぐり、ここでも個別的諸問題から一般的で総合的な認識へ、一歩ずつともに再考する努力を重ねあわせてゆくことが求められているのではなかろうか。

第5章　現代世界の多重危機とマルクス

前章まででみてきたように、主著『資本論』にかけて、資本主義経済の人類史上の特殊歴史性をその内的矛盾とあわせて、原理的に解明する作業をライフワークとしたマルクスの思想と理論は、現代世界における資本主義と社会主義の双対的多重危機のなかで、それらの意義や打開への方途を探るうえで、考察基準としての輝きをかえって増してきている。本章では、資本主義の中枢部をなしてきた先進諸国に生じている多重危機と閉塞感のなかで、どのような意味でマルクスの思想と理論が重要性を増しているのか、またそれはなぜかを問題として検討をすすめてみよう。

1　現代資本主義の多重危機のなかで

先進諸国の衰退と多重危機

一九七九年にイギリスの首相にM・サッチャーが就任して、それまでのケインズ主義的福祉国家への資本主義の歩みを反転し、新自由主義を主要諸国の政策潮流とする発端をひらいてから四〇年が経過した。その間、民間企業の市場原理にしたがった活力再生に期待し、公企業を民営化し、国際的な資本の移動や取引を自由化し、雇用や福祉における国家の役割を縮小して、資本主義を社会的管理や規制から解放する諸政策がすすめられてきた。

その政策方針は、この時期に普及し高度化を続けた情報技術（ＩＴ）のインパクトをうけた資本主義経済の再編にともなう、雇用形態の多様化、個人主義的消費様式の拡大、企業活動のグローバリゼーション、金融機構の集中と機能の高度化などにも適合していた。その意味で、いわば経済的下部構造の変化に対応する政策ともなっていた。

にもかかわらず、新自由主義のもとでの現代資本主義は、市場原理主義に期待していた効率的で合理的な経済活力の再生に成功しているとはいえない。ことに新自由主義を強力に推進してきた資本主義先進諸国に、一連の多重危機が深まっている。すなわち、一九七〇年代初頭までの高度成長期とは対照的な、先進諸国における経済成長の衰退が、富と所得の格差の拡大と経済危機の不安定な反復をともない、人間と自然の荒廃化を深める悪循環を形成している。それらは、資本主義市場経済の人類史における特殊な歴史性とその内的矛盾に体系的な考察をすすめたマルクスの思想と理論の意義を、現代的に問いかけてやまない。

たとえば、西欧諸国にアメリカ、日本、カナダ、オーストラリア、シンガポールの五カ国を加えて先進諸国とみれば、そこでの購買力平価でみた国民一人あたりの平均所得の増加率は一九七五〜二〇一五年の四〇年間に、各一〇年ごとの平均で、二・四％→二・〇％→二・〇％→一・〇％と低下し、顕著な衰退傾向を示している（八尾 2012, 六二ページ）。日本資本主義の経済的衰退は、そのなかでもとくにいちじるしい。一九七三年までの高度成長期には平均年実質成長率が九・一%を示し、「日本の奇跡」といわれていたのに、その後一九七四～九〇年には、その成長率が四・二%に低下し、ついでその末期に生じた巨大バブルの崩壊をうけて「失われた二〇年」にはマイナス成長の年もなんどか経験しつつ、一九九一～二〇一一年の成長率を〇・九%に衰退させているからである。

日本を顕著な典型とする先進諸国の経済的衰退は、この時期の産業技術の革新を代表するIT化がもたらした普遍的作用と総括することはできない。むしろこの時期に、中国、インド、その他、多くの人口を有するアジアの新興工業化諸国に、IT化の波にのって、かつての高度成長期の日本を想起させる高成長が実現されているからである。中国は二〇一〇年には国内総生産（GDP）の規模で日本をこえ、世界第二位の経済大国となっている。各国通貨の購買力平価で比較すれば、実質GDPでは、すでに中国は一九九二年に、インドは二〇〇六年に日本をこえていたと推計され、世界経済に占める途上国のシェアは、一九五〇年当時の四〇%から二〇五〇年には八四%となり、先進国のシェアはわずか一六%に低下するともみつもられている（八尾 2012, 三一、六六ページ）。中国、インドなどアジア途上諸国の成長は、いまや生産拠点としてのみでなく、巨大な消費市場としても世界経済の成長センターの役割を担いつつある。こうした先進諸国の衰退と世界経済の構造変化はなにを意味しているのか。

高度成長終焉後の不況基調の長期化と新自由主義

もともと第二次世界大戦後の先進諸国の高度成長は、つぎの四つの要因を基本的枠組みとして実現されていた。①アメリカ産業の優越した国際競争力に支えられた（一オンス三五ドルでの金ドル兌換保障と各国通貨の対ドル固定相場制維持をとりきめた）ブレトンウッズ国際通貨体制のもとでの世界的な安定的物価水準の維持、②アメリカから広がる各種家電、クルマなどの耐久消費財の大量生産技術の高度化の利用可能性、③石油など一次産品の途上諸国からの安価な供給余力、④それらを利用した投資拡大に要する労働力の農村部などからの追加的動員可能性。しかし、やがて一九六〇年代末にかけて先進諸国の継続的な高度成長をつうじ、これら四つの要因が使い尽くされてゆく。まず、アメリカ産業の優位が西独と日本におびやかされて、ドル危機が反復され、金ドル交換性の停止（一九七一）を経て、ブレトンウッズ国際通貨体制が崩壊し変動相場制に移行する（一九七三）。その過程で、各国の通貨・信用膨張がインフレの悪性化をもたらし、高度成長を終焉させる深刻なインフレ恐慌の形で経済危機を生じた。

その背後には、『資本論』の恐慌論が重視していた資本主義経済の矛盾の根源をなす労働力の商品化の無理が、先進諸国をつうずる資本の過剰蓄積による産業予備軍の枯渇傾向とそれにともなう労働組合の賃上げ交渉の容易化による利潤の圧縮を不可避とし、資本蓄積を困難とする過程が進行していた。世界市場における資本の生産物とはいえない各種一次産品の供給余力も失われ、それらの価格上昇も（新経済秩序といわれた途上諸国の結束の強化を容易にしつつ）先進諸国の資本蓄積に、労働力商品の供給制約と原理的にあいつうずる困難をもたらしていた。それにともない、通貨・信用の膨張のもとで、資源や半製品から投機的買占めや売り惜しみが広がり、マルクスが考察の基礎としていた一九世紀なかごろの古典的恐慌に通底する現実資本の労働力と一次産品の供給制約にたいする過剰蓄積の矛盾が、(支払い手段としての貨幣の不足と商品生産物の過剰化を生じていた) 古典的恐慌を反転した姿で、通貨としての貨幣の過剰とそれにともなうインフレの悪性化による生産手段としての商品の入手困難の連鎖を特徴とする特殊な様相のもとに、資本主義的再生産の自己破壊とみるべき危機を深化していった。

高度成長期の資本主義世界に支配的であったケインズ主義は、この深刻なインフレ恐慌とそれに続く (不況とインフレの重合した) スタグフレーションの予防にも、解明にも、解決にも無力とみなされて威信を失い、むしろケインズ以前の新古典派ミクロ理論に、さまざまな形での現代化を加えつつ、経済政策の基礎を求める新自由主義の台頭がうながされていった。その結果、先進諸国の資本主義は、新自由主義的な政策方針のもとで、国家の規制や管理から大幅に解放され、企業や富裕層への社会的福祉の税負担も大きく軽減し、市場の自由な競争原理による活力再生を期待されてきた。

にもかかわらず、新自由主義的資本主義は、一九七〇年代のインフレ恐慌とスタグフレーションを経たのちに、先進諸国に高度成長期の長期好況を反転した長期不況としてのデフレーションを慢性化した姿で長引かせている。その全体は、歴史上、古典的自由主義の段階から帝国主義段階への移行を媒介した一九世紀末の大不況（一八七三〜九六）と、大戦間の危機の三〇年に生じた世界大恐慌とに続く、三度目の大不況期と位置づけることができる。マルクスが『資本論』でその原理の解明につとめていたほぼ一〇年周期での古典的景気循環と恐慌の論理を考察の基準としつつ、一九世紀末以降、マルクス学派のなかからも、ほぼ五〇年周期での長期波動論を構成する試みがおこなわれてきた。それをうけて、たとえばE・マンデル（1972）は、高度成長が終焉を迎えつつあった局面で、長期波動論の現代資本主義への適用を提唱し、関心を集めた。

しかし、長期波動論は、古典的景気循環と異なり、その反復の法則的必然性を理論的に一般化することがどこまで可能か、理論的に十分論証し、しあげることが困難な事象でもある。巨大化した固定資本の過剰化が不況基調を長期化しやすいことは指摘できるとしても、マンデルのように、長期波動の上昇局面への転換は、戦争や社会変革によって与えられ、その下降局面への反転は資本蓄積の進行にともなう利潤率の傾向的低下への経済内的要因とすると定式化することも、戦後の高度成長からその反転にかけての経験の過度の一般化となりはしないか。たとえば一九世紀末の大不況からその後の長期波動の上昇局面が第一次世界大戦で終わる経過には、その定式は妥当しない。第三回目の大不況はまた、不安定な動揺を内包しつつ、過去二回の大不況をこえる長期化を示してきている。長期波動論はその意味で、マルクスによる原理的恐慌論にもとづく現状分析にさいしての仮説的参照枠組みとして、それぞれの時代の実情にそくし弾力的に役立てられればよいのではなかろうか。

ふりかえってみると、『資本論』の恐慌論は、その重要な一面において、資本の蓄積にともなう相対的過剰人口としての産業予備軍の吸収と反撥の動態の交替を周期的景気循環の基礎として重視していた。すなわち、好況末期の現実資本の過剰蓄積にともなう産業予備軍の吸収、枯渇は、資本によって生産されえない労働力を商品化する矛盾を賃金の騰貴を介しての利潤率の下落と蓄積の困難を周期的恐慌の重要な原因として露呈する。しかし、恐慌による資本の自己破壊を経てふたたび相対的過剰人口がすでに再形成されているなかで、不況期には資本の存続をかけた競争圧力のもとで、技術革新による資本構成の高度化が、産業予備軍の追加的再形成をうながし、資本の生産物ではない労働力商品の需給調整の困難を深刻化し、不況を深刻化する論理をもあきらかにしていた。

新自由主義的資本主義のもとでの先進諸国には、まさにこうした不況期に特有な労働者階級にきびしい資本の競争的「合理化」が、ＩＴ化による工場とオフィスにおける広範なオートメーション化をつうじくりかえし実現され、安価で雇用調整の容易なパートやアルバイトなどの各種非正規労働者を激増させてきている。それにともないワーキングプアや、退職後に年金の保障もないシニア層、子どもの貧困など新たな貧困問題が広がり、ＩＴ化による生産性上昇の成果が労働者に還元されないまま、労働分配率も低下傾向をたどっている。正規労働者を中心に組織されていた労働組合も組織率を低下させ弱体化している。雇用が安定的で労働組合も強い基盤を有していた公企業があいついで民営化されたことも、その傾向を助長してきた。

高度成長期には、生産性向上の成果が雇用と実質賃金の上昇に還元される労資協調的な（レギュラシオン学派のいう高生産性―高賃金の）フォード的蓄積体制が形成されて、有効需要が資本蓄積の内部から拡大する傾向がみられたが、新自由主義的資本主義のもとでは、それが反転されて、消費需要が冷え込むデフレ基調が定着してきているのである。

経済格差の拡大と金融不安定性の増大

Ｔ・ピケティ（2014）は、歴史的長期データを収集し、この時期の主要諸国に富と所得の格差が再拡大し、第一次大戦前の水準にＵ字型の顕著な回復を示していることを示し、大きな衝撃を与えた。ピケティは、その分析の主たる関心を社会の上層一〜一〇％への富（資産）の中流層からの移転、集中傾向においている。しかし、さらにその背後に、この時期の労働市場の大規模な再編過程を介し労働者階級の多くの人びとに労働条件のきびしい悪化をともなう搾取の強化が進展し、新たな貧困問題をその底辺に広げつつあることに注意したい。「時代はまさに資本論」といわれるような、社会の両極分解への傾向が進展し、そのことが不況基調の解消を妨げる悪循環の一環をなしているといえよう。

それとともに、新自由主義のもとで多くの資本主義企業がＩＴ化にもとづき多国籍化し、アジアその他の安価な労働力を国際的に利用可能な産業予備軍として動員する生産拠点と営業拠点のグローバル化をすすめるなかで、世界的規模での労賃格差が先進諸国内部にひきこまれ、底辺への競争圧力として、労働条件の切り下げをもたらし、格差再拡大の重要な一契機となっている側面もみのがせない。

同時に、グローバル化した先進諸国の企業の投資を受け入れつつ工業化をすすめた途上諸国の多くに、急成長が進展し、先進諸国の産業空洞化を生じつつ、世界経済の成長センターとその覇権が、アメリカを中心とする先進諸国から離れる可能性も浮上している。その意味でもこの大不況が世界経済の構造的変化への危機的分岐をなす公算も高まっている。トランプ政権のもとで深刻化しつつある米中貿易摩擦にも、そうした歴史的分岐への危機感が新自由主義の限界とあわせて露呈されているのではなかろうか。

新自由主義的資本主義は、こうした世界経済の大規模な構造変化を生じつつ、先進諸国の実態経済に停滞基調を深め、その内部に経済格差を再拡大するとともに、その動態に金融的な投機的不安定性とその破壊作用をも増してきている。その特性は、この時期の資本主義が金融化資本主義といわれ、アメリカで金融諸企業の利潤が非金融分野の諸企業の利潤にくらべ、一九七〇～八〇年には五分の一程度であったのに、二〇〇〇年には二分の一に達し、さらに七割近くとなる年もみられるように、金融業の肥大化がすすんだこととも関連している。ＩＴ化により遊休資金を効率的に集め、銀行業務と証券取引とを統合して運用する弾力性を拡大して金融システムの機動性が高められてきたのである。

とはいえ、日本でも典型的にみられたように、先進諸国の内部では不況基調のもとで、産業諸企業は高度成長期のような大規模な設備投資に融資を利用しえず、むしろ内部留保を積み上げて金融機関をつうずる資金の運用を図る傾向を強めている。そのため、不況基調のもとでの景気回復は、(しばしば政府・中央銀行の金融政策もふくめた) 低金利を利用した不動産と株式などの証券市場での投機的取引の膨張とそれにともなう不動産、株式などの証券類の価格上昇による (実態経済の動態をこえる) バブル的キャピタルゲインを動因とするものとなり、そのような投機的バブルの崩壊が実態経済にも破壊的打撃を与えるケースが、バブルリレーとしてくりかえされてきた。

日本に生じた一九八〇年代末の巨大バブルの膨張と一九九〇年以降のその崩壊、一九九七年の周辺アジア諸国に生じた通貨危機、一九九一年のアメリカでのITバブルの崩壊、さらには二〇〇八年のアメリカを震源地とするサブプライム恐慌は、そのようなバブルリレーの典型例をなしている。それらのなかで、ITバブルまでは、それぞれの震源地に重大な打撃を生じつつ、世界恐慌とはいえないローカルな事象にとどめられていたのであるが、最後のサブプライム恐慌は (アメリカの大手投資銀行リーマン・ブラザーズ倒産をうけた) リーマン・ショック (二〇〇八年九月) を介し、世界恐慌に拡大し、一〇〇年に一度の大津波とみなされた。実際、その後のEUに生じている深刻な経済政治的危機、日本に続いて生じた東日本大震災とも重なる経済危機の継続をもふくめ、サブプライム恐慌の打撃は広範囲におよび、一九二九年にはじまる大恐慌、高度成長を終焉させたインフレ恐慌としばしば比較される世界恐慌の事例となった。

それをきっかけに欧米のマスメディアでも、資本主義に内在する矛盾を理論的に鋭く批判し、考察していたマルクスへの再評価をすすめる論稿があらためてめだつようになった。『資本論』には、どのような意味でサブプライム恐慌につうずる洞察が読みとれるか。現代的な新たな問題としてそれに追加されるべき要因には、どのような論点があるか。さしあたりつぎの三点に省察を加えておこう。

第一に、『資本論』は、恐慌論をふくめ、古典派経済学における貨幣のたんなる媒介手段としての理解に体系的批判を加え、資本主義経済における貨幣・信用機構の相対的に独自の（物神的な）投機的膨張性やその破壊作用に一貫して理論的関心をよせ、いわば優れてマネタリーな経済理論の体系をなしている。周期的好況の原理的必然性についても、好況末期における労働力の商品化の無理を示す労賃の高騰が、信用の投機的膨張を促しつつ利子率の高騰を介し、現実資本の蓄積に破壊的打撃をおよぼすことを信用論において解明しようとつとめていた。

それに照応して、貨幣論でも支払い手段としての貨幣の機能に関連して、貨幣恐慌は多くの場合、全般的生産・商業恐慌の一局面として生ずるが、それとは独立に「貨幣資本を運動の中心とし、それゆえ銀行、取引所、金融界をその直接の部面とし」、商工業にはねかえり的に作用する特殊な恐慌としても生じうる（マルクス 1867, 邦訳①二四三ページ）とも注記している。バブルリレーでの一連の恐慌はサブプライム恐慌もふくめ、この第二類型的貨幣恐慌に類似性が高い。その意味でも資本主義経済には、もともと貨幣・金融恐慌を生じうる内在的傾向が伏在しているともいえる。しかし、さらにバブルリレーの不安定性が新自由主義的資本主義のもとでとくに顕著になったのは、消費需要の冷え込みをもたらし続けている格差の再拡大をともなう実態経済における不況基調の存続によるところが大きいことも見逃されてはならないであろう。

第二に、資本主義経済の金融システムの基本的機能は、資本の回転運動などから生ずる社会的遊休資金を集め、資本の蓄積に融通して、追加的にえられる利潤の一部を利子として取得することにおかれるようになる。その特徴において、中世までの金貸し資本が自己資本をもっぱら消費者としての富裕層や農民の窮乏に高利で融資する収奪的しくみとは区別されるものと一般に理解され、『資本論』の信用論もそれにしたがって資本主義的金融システムの合理的基礎に理論的考察をすすめていた。

ところが新自由主義的資本主義のもとで、先進諸国の巨大産業諸企業が不況基調に対応し自己金融化傾向を強めるなかで、銀行をはじめとする金融諸機関は、住宅ローンなどの消費者金融の分野に融資業務を積極的に拡大する姿勢を強めてゆく。その傾向は日本の一九八〇年代末の投機的バブルの膨張に株式ブームとあわせて重要な役割を担った不動産投機の一面をもなし、その後のバブルリレーの不動産投機にも重要な一側面をなしていた。とりわけＩＴバブル崩壊後のアメリカのサブプライム恐慌にいたる景気回復では、住宅ローンの投機的売り込みと拡大がまさにその主要因となり、信用度の低いサブプライム層まで住宅ローンを売り込んでは、それをさまざまな比率で束にした証券を世界市場で売りさばいて、大規模に海外資金を動員しつつ、住宅市場での活況を支え続けた。

その結果、二〇〇七年を境に投機的住宅市場のバブルが崩壊する過程で、サブプライムローン関連の証券の値崩れが世界的な金融諸機関に巨大なキャピタルロスを与え、金融恐慌を広げるとともに、アメリカではマイケル・ムーア監督の映画『キャピタリズム』の冒頭シーンに活写されているような、非情な住宅差し押さえで家具ともども自宅から放り出される人びとが二〇〇万世帯をこえ、社会問題化していった。差し押さえをまぬがれた多くの人びとも高値で入手した住宅価格が大幅に下落するキャピタルロスを生涯にわたり返済し続ける負担を収奪的にうけることとなった。それは資本主義に内在する労働力の商品化の無理に、労働力の金融化による（古くからの消費金融の負債の復活にさえみえる）搾取収奪作用が現代的に積み重ねられたしくみにほかならない。それは結果的に、実態経済における消費需要をさらに冷え込ませ、格差再拡大をうながし、不況基調を再強化する悪循環の一端をなしているといえよう。

第三に、一〇〇年に一度の大津波とみなされたサブプライム世界恐慌が、一九二九年以降の大恐慌のような深刻な金融システムの崩壊の反復、世界経済の分断、大失業による経済生活の破壊を曲がりなりにもまぬがれてきたのはなぜか。金本位制のきびしい制約からすでに離れて、変動相場制のもとでの主要諸国の政府・中央銀行が通貨・信用の弾力的操作を可能とされ、直接間接に緊急経済政策として金融諸機関や産業諸企業に倒産の危機を緩和し回避する余地を、とくに金融政策の面でとることが可能であったことがこの点では重要な意味をもっていた。

とくにアメリカでは、日本のバブル崩壊後の失われた二〇年の経験にもてらして、リーマン・

ショック前後から、いちはやく住宅金融の民間大手ファニーメイとフレディマックを国有化するとともに、金融安定化法を策定し、富裕層に有利な大手金融諸機関への公的資金の投入や融資をすすめ、ビッグスリーといわれるGM、フォード、クライスラーのカーメーカー三社にもこの法律を流用して公的資金を投入している。その過程で成立した二〇〇九年一月以降のオバマ政権のもとでのニュー・ニューディールによるグリーンリカバリー戦略や公的医療保険制などの社会民主主義的施策にも期待がよせられ、震源地のアメリカからサブプライム恐慌のショックは緩和されていった。

加えて、中国が、世界恐慌の影響で打撃をうけながら、内需拡大につとめなお六・五％程度の年率成長を維持し、その他の新興途上諸国もそれに近い堅調を示していることも、一九三〇年代の世界経済の崩壊過程と比べ、あきらかに世界経済の相対的安定性に貢献している。にもかかわらず、アメリカの景気回復も停滞基調を脱しえないで長期化しており、EUにはドイツの主導下での緊縮政策に反対するEU離脱への動向も後をたたず、ブレクジットに国民投票でふみきったイギリスの動向もふくめ、政治経済的危機が長引いている。日本のアベノミクスにも挫折感が強い。ひとまずサブプライム世界恐慌の大崩壊を緩和し回避するうえで役立てられた金融政策を中心とする公的政策は、先進諸国の米欧日の三極をつうじ、不況基調の解消には役立たず、むしろその政策効果が圧倒的に富裕層救済的で（アメリカでも住宅の差し押さえなどの救済にはほとんど実効をあげず、「われわれは九九％だ」という不満とともに）格差再拡大とそれにともなうデフレ基調を助長しつつ、先進資本主義諸国の衰退傾向を脱しえない限界を示しつつあるといえるのではなかろうか。

そのような新自由主義的資本主義の展開の結果、先進諸国に広がりつつある衰退傾向の多重危機の悪循環はさらに次節以下でみてゆくように、人間と自然の再生産をおびやかす荒廃化作用をともなって深刻さを増している。

2　資本主義的人口法則の現代的意義

少子高齢化と人口減少の危機

資本主義は、中世までの農村の共同体における耕地の制限に応じた人口抑制の慣行的諸規制を解体して、人類史上かつてなかった速さで人口を増大させる社会を形成してきた。たとえば日本でも、江戸時代中期以降ごく停滞的であった人口が明治維新後にかなり急速に増加しはじめ、一九三三年までに幕末（一八六七年の三三八三万人から）に比べほぼ倍増し、その後二〇〇八年の一億二八〇八万人にさらに倍近くに増加している。

ところが新自由主義的資本主義のもとで、日本をはじめ多くの諸国において、少子高齢化がすすみ、人口の維持・再生産が不可能となる危機が現実に広がっている。ある社会の人口が減少しないためには、女性の合計特殊出生率が二・一をこえていなければならないといわれる。日本では一九七三年に、まだ二・一四であった女性の合計特殊出生率が、一九七五年には二・〇を下回るようになり、その後も低落を続け、二〇〇五年には一・二六を記録しショックを与えた。その後若干の回復はみているものの、二〇〇八年をピークに日本の人口減少はさけられず、二一世紀末には半分以下の五一五五万人となり、二二世紀末には一五四八万人となり江戸時代初期に逆戻りするとみられる。（国立社会保障・人口問題研究所 2016, 四七ページ）。

社会の基礎となる人口を減少させないことはあらゆる社会形態をつうずる経済生活の原則のひとつではなかろうか。日本をはじめ、ドイツ、イタリア、韓国、ロシア、チェコ、ハンガリーなどの諸国に、この経済原則が毀損される傾向が広がり、先進諸国の全体も二一世紀後半には人口減少をみるものと推計されている。

急速な少子高齢化をともなう人口減少の傾向は、日本で社会問題化しつつあるように、現役労働者の負担を重くし、年金、医療、教育、子育てへの公的支援の緊縮とそれらの費用の個人負担の引き上げをあいついでもたらしてきている。若い世代の減少につれて、経済成長を支える労働力の供給が先細りとなり、消費需要も収縮・停滞をまぬがれず、地域社会における過疎化や活力の低下がさらにひろがり、国家財政の危機も深まり、経済活動全般の衰退が、人口問題からも深く懸念されざるをえない。

自然法則としての人口論

資本主義市場経済のしくみと動態を考察する課題を追究する経済学の歩みのなかで、非マルクス学派では、がいして人口問題を自然法則の作用によるものと理解する傾向が支配的であった。その代表例はT・R・マルサス（1798）の人口論にみられる。そこでは、「人口は、制限されなければ、等比級数的に増大する。生活資料は等差級数的にしか増大しない」とみて、その増加速度の差から人口が過剰化し、食物の不足と貧困が自然法則として生ずると主張されていた。その立論は、イギリスの救貧法やW・ゴドウィンらの無政府主義的社会主義が人口の過剰化をうながす逆効果を有すると反論するものともなっていた。もっともマルサスは、貧民層の困窮による子どもたちの死亡率の高まり、欠乏と室病、戦争などにより人口が停滞的になれば、生活資料との不均衡は解消されるが、それによってまた人口への抑制がゆるむので、「幸福にかんする後退運動と前進運動とが、くりかえされる」とみなし、その面では社会経済状態が人口の動態に影響することも補足的には認めていた。

こうした人口論はマルサスの独創とはいえない。当時の理論家たちにある程度共有されていた。価値論などの基礎理論ではマルサスと対立し、労働価値説による古典派経済学を完成したといわれるD・リカード（1817）も人口の動態論では類似の見解を示している。すなわち、リカードによれば、労働の自然価格は、労働者及びその家族の維持に要する必需品の価値に依存しているが、労働市場での労働者の不足が生ずれば、労働の市場価格が自然価格をこえて上がり、その結果労働者人口の増加がうながされ、ついで、労働者が過剰化して労働の市場価格が自然価格を下回り、その窮乏が人口を減少させる。その交互運動をつうじ、社会の自然の前進につれて、一方で資本の蓄積率と労働への需要の増加率は低下するので、労働者の供給トレンドを下回り労賃を低下させるとともに、土地の収穫逓減の法則が、食物など必需品の自然価格を押し上げるので、労働者の境遇は衰退傾向をまぬがれない。

自然法則としての人口の増大圧力が、過剰人口と貧困をもたらすとみるマルサス的発想は、その後もさまざまな形で継承され変奏されてきた。たとえばJ・S・ミルらにはじまる新マルサス主義は、一九世紀後半以降、マルサスが宗教上の理由で否認していた結婚後の産児制限を貧困克服への重要な方策として推奨するようになる。一九世紀末からは、帝国主義的植民地の拡大が、宗主国の過剰人口の解決策とされ、あわせて植民地の貧困がまた自然法則としての過剰人口圧力により不可避なものとみなされる傾向も生じていた。

第二次世界大戦後の植民地の政治的独立以降も、途上諸国における貧困問題が容易に解決されない時代にも、その基本原因を「人口爆発」によるとみなす見解が広く有力視されていた。さらにそこから地球環境や資源制約の問題も深刻化して「人類の危機」が生じているとし、とくに途上諸国の産児制限を急務としていた（主として先進諸国の財界人、知識人からなる国際的政策提言グループ）ローマクラブの提言（Meadows et al. 1972）なども、あきらかにマルサスと新マルサス主義の発想をひとつの基礎としていた。それはケインズ学派の開発理論において、途上諸国では人口増加速度が大きく、資本が不足しているので、貧困や経済停滞がさけがたいとみていた理解にもつうじていた。

これにたいし、先進諸国の多くからはじまっている人口動態の変化を反映して、最近の開発理論や国連の人口予測などでは、ほぼつぎのような人口転換の法則が定式化されている。すなわち、それぞれの社会は、多産多死で人口が安定していた第一段階から、経済発展がはじまり、死亡率が下がり、多産少死への移行が生じて人口爆発をみる第二段階となる。ついで、ある時期から出生率も下がり、少産少死への移行がすすみ、人口増加率が下がる第三段階となり、やがて少産少死状態で人口がふたたび安定する第四段階にいたる、というのである。

しかし、こうした人口転換の法則を、かつてのマルサスや新マルサス主義の人口論に代わる、社会経済の推移についての自然法則のようにみなしてよいのであろうか。中世までの人口の安定は、社会的慣習や共同体的規制のもとでの結婚、出産の抑制によるところが大きく、自然状態での多産多死によるものといえるかどうか。資本主義のもとでの人口の増大からの第三段階への移行も自然法則とみなされてはならないであろうし、その原因を十分あきらかにしないまま、第四段階への安定化を想定しうるかどうかもうたがわしい。

マルクスによる資本主義的人口法則論

マルクスの、とくに『資本論』における人口問題への考察は、こうした一連のいわば自然法則としての人口論の系譜に根本的批判を加え、それに対峙する理論と分析を提示するものとなっていた。その考察は、資本主義経済が、基本前提としている労働力の商品化に内的矛盾の根源をおきつつ、その発現としての恐慌と不況を介し、矛盾を現実的に解決し、くりかえし好況を再現する発展性を示す、歴史的に特殊なしくみと動態を形成している原理を体系的に解明する基礎としても役立てられている。

そのしくみのなかで、過剰人口とそれにともなう労働者の貧困は、マルサスらの主張していたように、自然法則として不可避的に生ずるものではない。むしろ資本の蓄積過程の動態が主変数となって、労働雇用の変化とそれにともなう相対的過剰人口の吸収と再形成の局面の交替を従属変数として生ずるところに、特殊歴史的な資本主義的人口法則がみいだせる。実際、恐慌と不況のなかで労働人口の相対的過剰化と貧困が生ずるのは、マルサスやリカードが主張していたように、それに先立つ好況局面で賃金が上がり安楽になった労働者の人口の自然増によるものではない。資本の蓄積の破壊と停滞による雇用の縮減によるものであり、とくに不況期の競争圧力によるる産業技術の革新、「合理化」が、雇用比率を削減して機械や原料などの生産手段に充てる資本比率（資本の有機的構成）を高度化するよう作用する。恐慌により、すでに過剰化している労働者をさらに過剰化する生産性の向上が不況圧力で推進されるのは、資本主義のもとでの技術進歩が（人びとの福祉からみて）しばしば逆進性を有することも示すところである。

資本構成の高度化により追加的に形成される相対的過剰人口は、それに続く好況局面での雇用拡大に余裕を与え、人口の増加によらなくても以前のピークをこえる資本規模まで現実資本の蓄積を可能にする。資本によって生産しえない労働力を商品化して、資本が自己増殖し蓄積をすすめるうえで、この動態が労働力の供給制約を現実的に解決してゆくしくみを内部的に確保する意義も有している。

ほぼこのような資本主義的人口法則を発見し定式化するとともに、マルクスは、「どの特殊な歴史的生産様式にも、それぞれに特殊な歴史的に妥当する人口法則がある。抽象的な人口法則というものは、ただ動植物にとって、人間が歴史的に干渉しないかぎりで、存在するだけである。」（マルクス 1867, 邦訳③二一七ページ）と述べている。これは、現代世界における人口変動を検討するさいにも念頭におくべき卓見といえよう。

こうした見地に立って、マルクスは、食料などの生活手段に余裕があれば、自然法則として人口は増加速度を速めるとみなすマルサスらの見解をさらに批判する、つぎのような実際の傾向にも注目していた。すなわち、イングランドとウェールズの一〇年ごとの人口は、政府の調査によると、その間の生産の「巨人的前進」にもかかわらず、増加率を低下させている。また、社会の内部構造においても、労働者家族の人数は、労賃が低いほど規模が大きい。貧乏人の子だくさんとも読めるこの指摘に付記した注では、「貧困は生殖にはつごうがよいように思われる」というA・スミスの見解を引用し、さらにS・ラング（1844）が統計資料にもとづき、貧困は人口増大を促進する傾向があるとし、「もし全世界が安楽な状態にあれば、やがて世界の人口は減るであろう」と述べていることも指摘している。

こうしたマルクスの考察は、資本主義における人口の過剰と貧困化を、自然法則の帰結とする見解を批判して、それらの社会問題が資本の蓄積を主要因とする労働雇用の動態をめぐる資本主義的人口法則の作用のあらわれにほかならないことをあきらかにするとともに、その延長上に、人口の絶対数の増加速度とその変化にも、自然法則とはみなしえない、社会経済的諸要因とその歴史的変化の影響が重要であることを示唆している。そのようなマルクスの批判的省察は、現代世界の多重危機の一極をなす人口問題の検討にも、大いに役立てられてよい。その意義をさしあたり三点に絞ってみておこう。

第一に、マルクスの資本主義的人口法則とそれを基礎とする周期的景気循環と恐慌の原理は、すでにみてきたように、戦後の高度成長を終焉させる一九七三〜七五年のインフレ恐慌の発生とそれを転機に進展してきた新自由主義的資本主義のもとでの長期不況の根底に、労働力商品化の矛盾を根源とする資本蓄積のゆきづまりと恐慌による自己破壊の原理と、それを介して進行する不況期の競争圧力のもとでの資本構成高度化による産業予備軍再形成への動態として、現代世界にも長期にわたり大規模に展開されてきた。ＩＴ化による互換性の高い、個人主義的契約による非正規の雇用が激増しているのも、現代的様相における長期不況のもとでの産業予備軍としての相対的過剰人口再編の重要な一面にほかならない。労働力商品化の無理は、こうした不況基調のもとでの「合理化」圧力のもとでは、不完全就労で、不安定で、生活難をまぬがれないワーキングプアやそれに近い貧困問題を労働市場の底辺に広げやすい。先進諸国の資本の多国籍化にともなう途上諸国の豊富な低賃金労働力を、利用可能な産業予備軍に編入する再編も、先進諸国内部の労働条件の劣化に反作用を加え、多くの労働者の生活難と、内需の冷え込みによるデフレ基調を深刻化してきた。

第二に、マルサスの想定に反し、生活手段が増産される生産性の進歩にともない、人口増加率がむしろ低下し、貧困層の家族規模のほうが大きく、世界が安楽になれば人口は減るであろうと推定したラングを肯定的に引用しているマルクスの問題提起は、マルサス的な自然法則としての人口論への反証を示し、歴史人口学にも興味深い争点を提示するものであった。それは、歴史的人口動態について、自然法則とは異なる複雑な社会経済的諸要因が作用することを示唆するとともに、一見、先進諸国の多くに少子高齢化の危機が深まり、途上諸国の多くにはいぜん過剰人口の増加圧力が継続している現代世界の人口問題に、先駆的洞察を加えているようにも読める。

とはいえ第三に、日本をはじめ先進諸国の多くに広がる少子高齢化の進展は、働くひとびとの多くが安楽になり貧困から解放されて生じている現象とはとてもいえない。そこには、高度成長のゆきづまりから生じた資本主義の新自由主義的再編をつうじ、IT化にともなう個人主義的消費・労働市場の再深化がすすみ、経済生活に格差と不安定性が増して、結婚や子育てをたのしむゆとりをえにくい人びとが数を増し、核家族がさらに分裂したようなシングルスやひとり親世帯、子どもの貧困が広がるなかで、出生率の低下と少子化の傾向が、先進諸国の社会経済的な衰退と荒廃の危機の一環として深刻化しているとみなければならない。

もともと、資本主義は、共同体諸社会のあいだの交易関係に由来する商品経済のしくみを社会内部の編成原理に転化し、自由な個人責任での商品取引を経済生活の基本秩序としてきた。その過程で、地域共同体や家族共同体の規制のもとでの人口の維持・抑制の慣習やしくみも解体し、多産少死による人口急増をうながし、それによって労働力の供給余力の面からも、市場拡大の面からも経済成長を促進してきた。その過程で、日本では、明治維新以降、とくに高度成長期に集中的にみられたように、農村部から都市部に大規模に人口が移住するにつれ、かつての三世代大家族が二世代の近代的核家族に分裂し、労働力商品の供給と世帯単位での市場の深化・拡大効果をもたらしていた。

そのゆきづまりから生じた新自由主義的資本主義のIT合理化をつうじ、核家族がさらに核分裂を生じているような個人主義的非正規雇用への（相対的に安価な）女性労働力の大量動員がすすむとともに、個人主義的な職場環境と消費スタイルが一般化されてゆき、シングルスを増加させ、資本主義は労働力の商品化を徹底する個人主義的社会への共同体的人間関係の解体に極度の成功を示しつつある。しかし、まさにその成功こそが男性と女性の共同体的協力による出産、子育てを困難にし、資本主義が基礎としてきた人口の維持・再生産を不可能にする荒廃化を生じ、先進諸国の多くに衰退傾向を深刻化する重要な要因のひとつとなっているのである。

そのようにみるならば、最近の歴史人口学での人口転換の法則の定式化において、少子高齢化にともなう少産少死のもとでの人口減少がやがて人口規模の安定化をもたらす第四段階にいたるとされる見通しの実現は、自然法則として保障されているとは考えられない。ヨーロッパのフランス、スウェーデン、フィンランドなどいくつかの国では出産、子育てを容易にする公的支援を福祉政策として成功させて、出生率のある程度顕著な回復を実現しているように、少なくとも新自由主義的福祉削減の方向を反転し、社会民主主義的政策の現代的再強化を図るか、あるいは資本主義そのものの基本秩序をのりこえる諸方策をオルタナティブとして再構想するか、この重大な社会問題についても、マルクスの思想と理論の基本にたちもどり、ともに考え直したい争点が浮上しているといえよう。

3　資本主義と自然環境破壊

自然環境の荒廃

新自由主義のもとで社会的管理や規制から大幅に解放された市場原理主義による資本主義の発展は、こうして労働力の商品化にもとづく資本の価値増殖運動を徹底させるとともに、そのしくみに内在する矛盾の現代的発現として、現代世界の中枢部に大規模な不況基調を存続させ、経済生活の不安定化と格差の拡大をつうじ、少子高齢化による人口減少をも生じ、社会の内的自然としての人間自身の再生産もあやうくする多重危機を深化させているが、そればかりではない。あらゆる社会の経済生活の原則的基礎となる外的自然にも、破壊的な荒廃作用をおよぼし、その側面からも現代世界の多重危機の相互促進的悪循環の構造を深刻化している。

この自然環境破壊には、少なくともつぎの三つのあい関連する問題群がふくまれている。

第一に、資本主義がその発達をつうじ大きく依存してきた石炭、ついで石油などの化石燃料消費の増大の累積作用による地球温暖化の危機の深刻化問題がある。これまでみられなかったような猛暑、猛烈な台風や暴風雨がひんぱつし、世界各地に被害を広げるとともに、北極の氷原が解けて海面の水位をおしあげ、水没する危険も各地にせまっている。その根本をなす温室効果ガス削減への国際協力が、とくに新自由主義のもとでは容易に実現しない。

一九九七年の京都議定書において、その必要性は国際的に総論としては合意されていたにもかかわらず、各国ごとの温室ガス削減の義務化交渉は（先進国に有利な温室ガス排出権の買取可能性をふくめ）まとまらず、ことにサブプライム恐慌の打撃もうけて、その交渉はゆきづまる。それをうけて二〇一五年の気候変動枠組条約第二一回会合（COP21）で成立したパリ協定は、今世紀後半のうちに気温上昇二度未満に抑制することを従来どおり目標としつつ、さらに一・五度未満を努力目標とした。

しかし、その後各国が示している努力目標の現状はこれと大幅に乖離し、三〜四度の上昇を予想させるメガトン・ギャップがみられる。各国の対応は、むしろ気温上昇のリスクを想定した政策的適応や被害対策にもっぱらむけられるおそれも高い（古沢2016）。トランプ大統領のパリ協定からの離脱宣言も、国際世論の期待にそむき、地球温暖化の危機に世界の危惧を深めている。

これにたいし、第二に、化石燃料に代わるクリーンエネルギーといわれ、温暖化対策としての期待もよせられていたのが原子力発電であった。しかし、その先端技術とその安全性を国際的にも認められていた日本の原子力発電所に、二〇一一年三月の東日本大震災の一環として生じた東京電力福島第一発電所の過酷事故は、アメリカのスリーマイル島原発事故（一九七九）、ソ連のチェルノブイリ原発事故（一九八六）などをこえる衝撃を世界に与えた。首都圏をふくむ広範な地域の住民に放射線被害をおよぼしかねない、この過酷事故は、周辺地域の職住環境を破壊し、使用済み核燃料の保存廃棄の施設の受け入れ先のめども十分たてられず、事故後の原発の始末とそのコストも長期にわたり、重い負担を社会に負わせ続けている。

その衝撃をうけて、ドイツ、イタリア、スウェーデン、ベルギー、オーストリア、オーストラリアなど、国民投票なども経て、脱原発にふみきった国も少なくない。それは、核エネルギー依存の路線による自然環境破壊の脅威に対抗する選択を、アメリカの核戦略によるグローバルガバナンスに反して、先進諸国の少なからぬ民衆が示しはじめていることを意味している。にもかかわらず、震源地の日本では、多くの人びとの脱原発への願いや社会運動が活かされず、二〇一二年末の総選挙で政権についた安倍内閣のもとで、むしろ原発のプラント輸出や国内原発再稼働が推進されている。その背後には、平和憲法を改変し、軍事産業、兵器輸出に期待をかけ、アメリカの核戦略によりそい、原発技術もやがてそれに転用しようとする意図も伏在しているのではなかろうか。

しかし、そのような戦略路線のもとで、日本やアメリカでは、脱原発路線に進路を切りかえた諸国にくらべ、あきらかに風力、太陽光、地熱、水力による地産地消型のソフトエネルギー開発に後れをとりつつある。それにともない、パリ協定でも期待されていたような、地方自治体の協力やそのもとでの地域住民の参加によるボトムアップ型の地球温暖化対策にも、十分な政策的配慮があたえられない懸念を深めている。

第三に、現代世界の中枢部を形成してきた資本主義先進諸国のなかで、自然環境を耕地とその周辺の山林の保全に大きく貢献し続けてきた農業、農民、農村の衰退、荒廃問題が、いわば三農問題として、とくに新自由主義もとで深刻化の度合いを増している。この問題領域でも日本の新自由主義的資本主義は、農業保護の関税や規制を、アメリカなどからの要請に応じ、グローバルな通商自由化にむけて大きくくりかえし軽減、撤廃するとともに、国内的にも農産物価格支持政策を整理、削減してきた。その結果、日本の食料自給率は、カロリーベースで、一九七〇年の六〇%から、二〇一〇年の三九%へ下落して、主要先進諸国のなかでは最低となっている。農業を主とする第一次産業の就業者の比率も、一九七三年の一三%から二〇一〇年にはわずか四%に縮小している。

少子高齢化がすすむなかで、後継ぎがえられずに、過疎化し、耕地も荒廃し、部落の共同作業もそれにもとづく住環境の保全もままならなくなる地域も増している。それにともない、耕地を取り巻く山林の荒廃化もさけられない地域が増している。地球温暖化の作用と思われる台風や豪雨の頻度が高まり、そのつど山崩れ、がけ崩れ、洪水の被害が多発しているのも、三農問題による自然環境の荒廃によるところが大きいのではなかろうか。

マルクスの思想と理論による批判的再考

マルクスは、資本主義が労働力の商品化をつうじ、働く人びとを搾取するとともに、その人間性を抑圧し、荒廃化する作用をおよぼしがちな社会経済秩序をなしていることに原理的考察をすすめるとともに、資本主義の発展が人びとの経済生活の基盤となしている土地や自然環境にも収奪的な破壊作用を加える傾向に注目していた。この点でも、近代にさきだち、農村社会で自給的におこなわれていた衣料などの加工が、農家経営から都市部の工業に分離されて、農工間に社会的分業が生じてゆく市場経済の拡大を、たとえばA・スミスが自然的で調和的な分業による生産性向上の経路とみなしていた認識に、マルクスは鋭く批判的見解を示していた。

たとえば、『資本論』の第一巻第一〇章「機械と大工業」の第一〇節「大工業と農業」では、まず耕地の拡大に制約があるかぎり、農業での機械の使用による生産性の上昇は、農業労働者の過剰化に強く作用することが指摘される。ついで、「資本主義的生産は、それによって大中心地に集積される都市人口がますます優勢になるにつれて、一方では社会の歴史的動力を集積するが、他方では人間と土地とのあいだの物質代謝を撹乱する。すなわち、人間が食料や衣料の形で消費する土壌成分が土地に返ることを、つまり土壌の豊饒性の持続の永久的自然条件を、撹乱する。したがってまた同時に、それは都市労働者の肉体的健康をも農村労働者の精神生活をも破壊する。」（マルクス 1867, 邦訳②四六五ページ）と述べている。資本主義のもとでの工業と農業、都市と農村の社会的分化、分業が、人間と土地のあいだの物質代謝関係を破壊し、土地の豊饒性を失わせ、都市と農村の労働者に肉体的、精神的健康障害をもたらす傾向に深い憂慮を示しているのである。

一九世紀末以降の石油化学工業の発達は、一方で土壌の豊饒性の低下を補う化学肥料や農薬の大量生産、大量投入をうながし、農業用機械器具の発達とあわせ、農業の生産性を高めてきた。しかし、他方で化学肥料や農薬、さらには農産物の品種改良は、大規模アグリビジネスに農家経営全体を依存させる傾向を強めるとともに、土壌中の多くの微生物の相互依存的物質代謝の豊饒性を破壊し、土壌を砂漠化し、化学肥料や農薬の多量投入に農業を依存させ続ける作用をもともないがちである。畜産や魚の養殖にも大量の化学製品が飼料や生育加速剤ないし感染予防薬として使用され、農産物とあわせ、人びとの再生産全体にさまざまな病的アレルギーやその他の健康障害をもたらしやすい。その悪影響を軽減する方途として有機農・漁業への関心もあらためて拡大しつつある。

マルクスは、資本主義がもたらしている人間と土地の物質代謝の破壊作用についてのさきのような洞察とともに、資本主義的生産はまた「農業と工業との対立的に作りあげられた姿を基礎として両者を再統合するための、物質的諸前提をもつくりだす」ことに期待をかけていた。こうした期待は資本主義をこえる社会主義における農工再統合への課題として、広く社会主義の思想と理論のひとつの要点ともみなされてきている。こうした発想が、現代世界に深まる自然環境の荒廃化、地球温暖化の危機、反原発での地産地消エネルギーの開発、農村の過疎化や荒廃傾向の解決にどのように活かされてゆくか。世界に影響力を増しつつあるエコロジカルマルクス派の主張とその可能性にも大いに関心を集めてゆきたい。

第6章　二一世紀型社会主義のために

新自由主義のもとで社会的規制から解放された資本主義は、前章でみたように、市場原理主義に期待された合理的で効率的経済秩序を実現することに成功していない。むしろ資本主義経済の自由な作動が、そこに内在する矛盾を露呈し、アメリカ、ヨーロッパ、日本などの先進諸国に不況基調の慢性化、不安定な経済危機の反復、格差の拡大、人間と自然の荒廃化を相互媒介的な多重危機として深刻化してきている。

こうした資本主義の多重危機は、資本主義経済の限界性と内的矛盾に批判的省察を加えたマルクスの思想と理論に、ただちに好機を与えることにはならなかった。むしろマルクス主義にもとづく革命の世紀といわれた二〇世紀に、その変革の先進的典型モデルとされていたソ連型社会主義が、東欧革命（一九八九）とソ連の解体（一九九一）により、思いがけない時期に崩壊し、新自由主義的資本主義化へショック・セラピー型の体制移行をみた。それによって、マルクスによる社会主義は失敗し、リベラルな民主主義と適合的な自由主義経済が勝利をおさめたとするF・フクヤマ（1992）によるヘーゲル的世界史の総括が常識化された。

それにともない現代世界の多重危機には、資本主義をこえる解決の道が望めないかのような閉塞感がさらにおり重なることとなり、新自由主義的資本主義のグローバリゼーションは文字どおり地球規模に拡大されることともなっていた。にもかかわらず、グローバル化した新自由主義的資本主義のもとで深刻化し続ける多重危機は、ことにサブプライム世界恐慌を契機に、マルクスの思想と理論による資本主義の批判的考察とそれにもとづく代替可能な二一世紀型社会主義の再生への多様な試みに、世界的関心をあらためてひきよせる効果をも生じつつある。

そうした試みに、マルクスがその批判的思想と理論を集結した『資本論』の体系からどのような示唆をいま読みとることができるか。それをふまえ、二〇世紀型社会主義を代表していたソ連型社会の成果と限界をいまどのように総括するか。それによって、いまや自然と人間に荒廃化を深めている資本主義の危機的閉塞状況をのりこえる二一世紀型社会主義への代替戦略がどのように提示されつつあるか。本章では、こうした一連の問題に、あらためて検討をすすめてみよう。

1 『資本論』の社会主義論

社会主義の科学的論拠

マルクスにさきだつユートピア社会主義者の多くは、資本主義のもたらす働く人びとに過酷な経済生活を変革して、平等で自由な協同生活を実現する課題を提示し、その理想を実現する社会経済秩序の設計を試み、社会の上層部がそれを実現することに期待していた。マルクスとエンゲルスは、資本主義市場経済が、自然で理想的な自由の秩序ではなく、特殊歴史的な階級社会であることを学問的にあきらかにし、それによって資本主義をのりこえる社会主義への労働者の自己解放としての社会変革の可能性に科学的論拠を与える課題にとりくんでいた。

とくにマルクスの主著『資本論』は、資本主義経済のしくみと運動法則をその特殊な歴史性とあわせて原理的に解明し、現代資本主義の危機にも重要な批判的考察基準を与えているが、同時に、資本主義をのりこえる社会主義にも科学的論拠を豊かに提示している。

エンゲルス(1882)によれば、「空想から科学へ」社会主義を発展させたのは、マルクスによる唯物史観と剰余価値生産の理論との二つの発見であった。いかにもエンゲルスらしい明快な解説である。とはいえ、いくつか捕捉も加えておきたくなる。

二つの発見は、むろんマルクスの思想と理論のあきらかな特徴をなし、マルクスによる社会主義への展望に論拠を与える役割を果たしてきている。しかし、そのうち、人類史の総括としての唯物史観における生産力と生産関係の発展関係にもとづく経済的社会構成の発展の仮説的要約は、それ自身で社会科学としての理論をなしているものかどうか。実は内容上『資本論』に結実する、資本主義経済に関する経済学の理論的研究に裏付けられ、学問的論拠を与えられる科学的歴史観をなしているのではなかろうか。

その意味でも、『資本論』の経済学は、唯物史観とそれにもとづく社会主義の思想に、科学的裏付けを提示する理論体系をなしている。実際、その雄大な理論体系は、エンゲルスの重視する剰余価値の生産論を核心としつつ、商品論にはじまる全三巻の展開をつうじて、ほとんどいたるところで社会主義の科学的論拠を広く深く提示している。

その豊かな理論的示唆を『資本論』から読み取り、ソ連型社会の崩壊にともない現代世界に訪れている社会主義の深刻な危機からの再生に活かしてゆく試みがあらためて求められているといえよう。例示的に、いくつか興味ある論点を摘出してみよう。

これからの社会主義への理論的示唆

第一に、科学的社会主義を創始したマルクスの主著は、それに先立つ初期社会主義者たちの著作と異なり、実は社会主義についての具体的プランはまったく示していない。むしろ終始、資本主義市場経済が特殊な歴史性をともない成立し発展する原理の体系的考察にあてられている。社会主義にとってそれはなにを意味するか。二つの解釈がそこに生じてきた。

そのひとつは、生産手段を公有化して生産と消費を計画的に組織する社会主義では、資本主義を考察対象としている経済学は使命を終えて、使用価値の投入、産出、配分が技術的に計画されればよいことになる。それにともなう社会的労働時間の支出と配分の関係も透明で分かりやすい計画のもとにおかれる。そこで、社会主義経済のしくみを建設するさいには、統計やそれにもとづく技術的考察は必要とされるにせよ、資本主義市場経済の原理にあたる体系的経済学の理論がとくに必要とされることはない。ソ連型集権的計画経済の成長に信頼をよせつつ、そう解釈していた人は少なくなかった。わたくし自身もそう考えがちであった。

もうひとつの解釈としては、やがて資本主義がのりこえられてゆくさいの主体的労働者運動の歴史的諸条件、産業基盤の相違などに応じて、社会主義への道は唯一の道があらかじめ定められるかどうか。むしろ山川均（1956）や宇野弘蔵（1957）も述べていたようにその道は一つではなく、多様な政治経済組織の社会主義的可能性が具体的に選択されて、労働者社会が姿をあらわし変化してゆくことができるものとして、その詳細な設計図をあらかじめ描くことは学問的に適切な課題ではないと判断されていたとも考えられる。

わたくしとしては、いまや前者の解釈では現代社会主義の危機に対応できないと感じている。もっとも、後者の解釈にしたがうにせよ、『資本論』における資本主義の原理を、ソ連型社会の成長と崩壊の総括にも、その後の社会主義の可能性の探求にも、われわれ自身がいかに活かしうるか、あらためて問いかけられていると考えている。

第二に、『資本論』は、第一巻冒頭の二編で、「資本の生産過程」における剰余価値生産を直接とりあつかわず、むしろ商品、貨幣、資本の市場経済の基本的流通諸形態を考察し、それらが人類史上古くから共同体的諸社会のあいだをつなぐシルクロードでのような交易関係に由来していることも指摘している。それは、社会主義にとって何を意味しているであろうか。ここにも二つの解釈がなりたちうる。

そのひとつは、商品による商品の生産として市場経済を生産関係の基本原理にした資本主義をのりこえる社会主義は、もともと共同体的互酬や再配分の直接的関連を破壊した外来的な市場経済を、新たな協同社会の組織化により、全面的に押し出して排除し、計画経済を市場経済におきかえることを変革課題としているとする解釈である。ソ連型社会主義はほぼこの解釈によっていた。

もうひとつの解釈として、資本主義社会の基本前提をなす労働力の商品化を止揚する課題は重視するにせよ、労働者の自主管理による企業や産業のアソシエーション、消費者としての協同組合組織などを協同社会の基本組織としつつ、その間の生産物やサービスの交換のしくみに、公的再配分とあわせて市場経済の商品、貨幣、資本の機能を社会的に統御しつつ利用する、市場社会主義のしくみも可能性として許容する余地もそこから読み取れないであろうか。逆にいえば、『資本論』は市場社会主義を否認する原理といえるかどうか。

この争点でも、ソ連型社会主義が成長を続けていた時期には、市場社会主義は、ソ連のネップ(新経済政策、NEP)期(一九二一~二七)のような一時的経済体制としては採用されうるが、やがては全面的計画経済に収斂してゆくはずであると理解される傾向が支配的であった。しかし冷戦体制崩壊後は、マルクス学派においてもより長期的な社会主義の建設モデルとして市場社会主義の可能性が重視されるようになり、『資本論』にもこれを許容する解釈が求められるようになっている。ことに、市場経済を形成する商品、貨幣、資本の諸形態が、資本主義経済に先行し、古くから共同体的諸社会のあいだに広く発生していたことを理論的に明確にしている『資本論』の体系構成は、資本主義と市場経済との理論的分離可能性と、それにもとづく市場社会主義の理論的可能性にも重要な論拠を示唆しているといえよう。

第三に、そのような広い可能性を社会主義の選択肢に認める方向で『資本論』の経済学を活かすとして、マルクスが少なくとも低次段階の協同（共産）社会では、労働に応じた分配による不平等が残らざるをえないと想定していたさいに、高度な教育や熟練を要する複雑労働に単純労働と比較して同じ時間により多くの労働量をおこなえるとみなしていたことに問題はないか。それは『資本論』の労働価値説が、本来、働く人びとに労働にもとづく平等な社会貢献を広く認め、人間的労働の他の動物と異なる構想と実行の広い主体的能力の普遍的基盤を明確にし、そこにラディカルな（徹底した）経済民主主義の論拠を示している認識と不整合に思える論点でもある。

第1章第4節でもすでに検討したように、資本主義のもとでは、とくに高度な教育・訓練の費用が市場経済のもとで個人負担とされているかぎりでは、その費用負担を複雑労働者に労働力の価値として還元しなければ、社会的に必要な複雑労働力が再生産されないことになる。しかし、かりに社会主義のもとでそれらの教育・訓練費用も公的に提供されることになれば、その費用を複雑労働者に配分するにはあたらない。複雑労働も基本的には単純労働と同質的な抽象的人間労働を異なる有用労働の諸形態において社会に貢献しているのであって、低次段階であれ、教育・訓練費用が社会化されれば、労働に応じた配分にその費用の個人への配分をふくめることは、むしろ不公正となりうる。

この問題をつうじ、自由な個人のアソシエーションをめざす社会主義の平等性の基礎に労働による貢献がどうかかわりうるのか、マルクス自身の複雑労働論にもさかのぼって再検討が求められているのではなかろうか。それと同時に、マルクスが協同社会の高次段階で実現されるとみなしていた、能力に応じて働き必要に応じてうけとる理念は、現代資本主義の福祉国家の理念にもすでに部分的には容認されているところでもあって、広義の社会主義での労働者福祉の原則として、できるかぎり低次段階から実現されてゆくことが望ましいのではなかろうか。

第四に、資本主義のもとでの剰余価値生産の原理を、労働力商品の価値として賃金を介して労働者にひきわたされる一日当たりの平均的必要生活手段に対象化されている必要労働時間と、労働力の使用価値として資本が入手する労働日の全労働時間にふくまれる剰余労働時間との相違をめぐり理論的に解明した『資本論』でも『ゴータ綱領批判』(1875)でも、マルクスは「剰余労働一般は、与えられた欲望の程度をこえる労働としては、いつでもなければならない」と述べている。社会主義でも、剰余労働は災害にそなえる保険基金、生産拡大のための基金、一般行政費に必要であるとするとともに、教育、医療・衛生費、労働不能者のための基金なども個人的労働者への配分にさきだち、控除されるものとしている。そこで、『資本論』によるマルクスの社会主義論は、剰余労働廃止論ではなく、その敵対的搾取廃止論であったと読まなければならないことになりそうである。

育児、教育、医療、衛生、年金など、資本主義のもとでも福祉国家としては拡充してきている公的社会保障や共同消費の役割は、社会主義ではいっそう確実に充実されてゆくものとすれば、労働者個人に配分される所得は、比率として資本主義のもとでの必要労働部分よりむしろ小さくなる公算も高い。それにともない一般行政費もマルクスの期待に反しかならずしも縮減してゆかないのではなかろうか。とくに集権的計画経済による場合はなおさら行政費は大きくなるであろう。それらにともない、労働報酬として個人に配分される社会主義的所得（s賃金）はむしろ圧縮されて、生産物やサービスの社会主義的価格（s価格）は、計画経済による公定価格にせよ、市場社会主義による販売価格にせよ、再生産の維持に要するコストをこえる剰余を大きくして、その再配分と管理を社会にゆだねる比率を高める可能性も大きくなる。

そのような側面が、ソ連型社会では官僚層の権限を強大化するひとつの原因ともなり、資本による利潤原理にしたがわない計画的公定価格の策定とその操作を容易としていた一要因でもあった。これをいっそ反転して全労働の成果をすべて労働者に配分して、剰余を社会的に残さない仕組みをつくれば、計画経済によるにせよ市場社会主義によるにせよ、生産物やサービスに対象化される労働時間に正比例する価格が必ず成立することになる。

それはマルクスが理想としていた労働時間を生産と配分の全体にわたる尺度とする経済システムを実現する方途のひとつとなる。その場合、保険、蓄積、共同消費（さらには労働不能者、学生、家事労働従事者などへのベーシックインカムなど）にあてる財源は、個人所得から拠出ないし徴収することになり、その民主的管理もおこなわれやすくなるとはいえないであろうか。

こうした諸論点は、『資本論』に集約されるマルクスの思想と理論の全体系について、さらにいたるところで、これからの社会主義の論拠と構想を現代的に拡充する観点で、さらに再考してゆきたい多くの理論的課題にもつらなってゆくにちがいない。そのことも念頭におきつつ、次節では、二〇世紀型社会主義に省察をすすめてみよう。

2　二〇世紀型社会主義の形成と崩壊

ソ連型集権的計画経済

革命の世紀ともいわれる二〇世紀に、資本主義をこえる代表的で先導的な社会主義は、ソ連の集権的計画経済であった。そのモデルは第二次世界大戦末期のソ連軍の進駐地や、戦後の植民地からの解放後の変革にも有力な先進例とみなされ、東欧諸国、朝鮮人民共和国、中国、ベトナム、キューバなどにも影響を与え続けた。その結果、社会主義諸国が世界人口の三五％、地球上の領土の三〇％を占めるにいたる。

マルクスの思想と理論にもとづく二〇世紀型社会主義を代表するとみなされていたソ連の集権的計画経済の成立から崩壊にいたる歴史的経験にも、興味ある一連の問題群が残されている。

第一に、その成立の経過において、一九一七年のロシア革命後にレーニンの指導していた社会主義建設への試みは、三つの異なるモデルを短い期間に実験していた。まず革命直後、国家資本主義のウクラード（経済制度）も役割を担う多ウクラード制（異なる社会経済体制の共存）を想定しつつ、そのもとで社会主義ウクラードを海外技術の導入も基礎として漸次つくりだし強化しようとレーニンは構想していた。しかし、一九一八年四月に列強の軍事介入が始まると、それに対処するために戦時共産主義の体制に転換し、大規模工業の国有化、農民からの過酷な食料徴発、現物経済による集権的経済管理が強行される。それにともない、農業生産は戦前の半分、工業生産は七分の一にまで急減する。

そこで、一九二一年三月に、ネップに転換し、市場経済を導入し、税納後の残余農産物の自由販売を認め、私的商業、小規模工業企業も非国有化して、かなりの経済回復をみていた。それは一時的、戦術的な譲歩ともみなされてはいたが、レーニン死去（一九二四）の後にもその有力後継者候補とみられていたトロツキーやブハーリンはネップの継続を主張していた。

しかしスターリンがトロツキーらの反対派を退け、権力を掌握すると一九二八年から第一次五か年計画を開始し、ネップは終了して、あらためて集権的計画経済による一国社会主義建設に移る。このような四つの社会主義建設のモデルチェンジが短い一〇年ほどのあいだに可能であったのは、なにを意味しているであろうか。

少なくとも資本主義をこえる社会主義への道が、レーニンにおいても多様に試みられる余地があったことを示唆していないか。またその実験的試みを許容する国家体制の流動的変革の時期にあったことも考えられる。そこに、ソ連型集権的計画経済からの変革が求められた二〇世紀末に、その可能性が再評価されつつある（ネップ型の）市場社会主義や、多ウクラード制による社会主義建設の道が、すでに模索され、実験されていたことも想起しておきたい。それらは、現代中国における一九七八年以降の改革開放路線のもとで標榜されている社会主義市場経済建設の理論的可能性を検討することにもつうじているためである。

第二に、生産手段を公有化し集権的計画経済を社会主義の基本とするソ連型社会主義は、とくに公有化した多様な生産手段の価格を合理的、効率的に決定し、生産物やサービスの費用を最小化する経済計算の基礎を適切にととのえることができるか。私有制と市場経済のしくみを自然的秩序とみなしている新古典派経済学からは、ミーゼスやハイエク（1935）らがこの問題を提起し、ソ連型社会は、合理的羅針盤を欠き、早晩失敗に終わるであろうと批判していた。それに応酬する社会主義擁護派とのあいだでの社会主義経済計算論争は、やがて、オスカー・ランゲ（1936–37）らの市場社会主義の理論モデルにおいて、公有化されている生産手段についても、中央当局の公定価格表を、市場での需給バランスにしたがって試行錯誤的に改定する作業をつうじ均衡価格体系が形成され、経済計算が可能となるとみなされ一段落した。

ミーゼスやハイエクの反社会主義的論評は、戦時共産主義には妥当するかにみえた。しかし、その後のソ連の集権的計画経済は、一九七〇年代中ごろまでの半世紀近く、大多数の資本主義先進諸国をこえる成長を達成し続け、第二次世界大戦やその後の冷戦体制での軍事負担にも耐えつつ、雇用の保障、女性の社会参加、育児、教育、医療、年金、公共交通機関、公共住宅などの拡充をつうじ、労働者国家としての成果と成長も示し、むしろ資本主義諸国における社会民主主義的福祉国家化をうながす役割も果たしていた。

その成長は、ランゲの市場社会主義モデルにそって自由な市場での需給調整にしたがった価格形成を介しておこなわれていたわけではない。マルクスが『資本論』で示唆していたような労働時間の透明な尺度を公定価格の基礎としていたわけでもない。社会的再生産の維持に必要な投入と産出の拡大のバランスを、五か年計画ごとに技術的な変化や優先戦略を勘案しつつ見直して、それを可能とする各産業の生産物の公定価格を、相互にコストと剰余の積み上げで整合するように調整するしくみが、物量体系とそれを基礎とする公定価格表として計画され実現されていた。それは理論的には、社会主義経済計算論争のなかで、対立する社会主義の否定と支持の両派が大きくみればともに新古典派ミクロ経済学に依拠していた脈絡では理解できない可能性をなしていた。ソ連型システムに最も近い価格理論は、むしろやがてスラッファ（1960）により提示される新リカード学派の技術的物量体系にもとづく、客観価値論再建の試みであったのではないか。

そのことは、ソ連型社会主義がゆきづまり崩壊する過程で再燃した社会主義経済計算論争の再評価においてもあまり明確にされていないところである。スラッファもそれをどの程度意識していたか、その論争との関連に言及してはいない。スラッファ理論は欧米マルクス・ルネッサンスにおける『資本論』の労働価値説再生にもつらなった。とはいえ、スラッファ理論やそれを介してのマルクス価値論の再評価が、ソ連型社会の成長と崩壊の理論的総括にどう活かされているかは、さほど明確でない。ここにも再考を要する学問的検討課題のひとつがあるのではなかろうか。

いずれにせよ、ソ連型社会主義の公定価格の決定は、事実上スラッファ理論に近いシステムとして機能していたが、そこから労働量の社会的関係性をあきらかにする試みにはいたらなかった。その結果、ソ連型社会は、マルクスのいう協同社会の低次段階としての社会主義社会における労働にもとづく配分を理念としつつ、労働の格付け等級化をめぐる不平等の理論的、客観的論拠を理論的にも実践的にも十分明確にしえていなかったのではなかろうか。そこにその社会主義的経済民主主義の重要な問題点のひとつがあったともいえるであろう。

その成長と摩滅、崩壊

他方、第三に、ソ連型集権的計画経済が、社会主義批判派の期待に反し公定価格のもとで成長を継続しえたのは、さらに現実的にはつぎの四条件によるところも大きかった。①世界最大の領土内に各種の鉱脈など、工業化に必要な天然資源を豊富に内蔵し、一国社会主義的成長が可能とされていた。②この時期に重要であった重工業は大規模なコンビナートの建設と拡大を基本とし、集権的計画管理に適合性が高かった。③そのような工業化による都市経済の成長に動員可能な労働力の供給余力が農村部や未就業の女性などに豊富に存在していた。④計画経済の作動には、ノルマにしたがい職場で労働者が協力することが必要とされる。市場経済での失業の脅威や競争の刺激はなくとも、スターリン体制のもとでのきびしい反政府派への粛清や抑圧による統制の効果のみでなく、労働者国家建設への希望やその方向への生活の安定と向上、さらに祖国防衛のための反ファシズム戦争や冷戦への対抗心などにも支えられて、労働者大衆の職場での協力が継続的に確保されていた。

しかし第四に、これらの諸条件はソ連型計画経済の継続的成長をつうじ、使いつくされてゆき、一九七〇年代後半になると危機的「摩滅」を生じ、ほぼゼロ成長に近づく。P・スウィージー（1980）も指摘していたように、ことに動員可能な労働力の供給余力と資源の追加供給の余裕にとぼしくなり、それにともない職場の労働規律も緩んで、ノルマの達成が困難となり、その目標を切り下げざるをえない状況が深刻化していった。資本主義が一九七〇年代初頭に経験した、高度成長の結果としての各国内での労働力と世界市場での一次産品の供給余力の枯渇によく似た成長の困難が、少し遅れてソ連社会にも内部的に生じたのである。資本主義のもとでその困難は当時インフレの悪性化の危機をもたらしたが、ソ連型経済では公定価格制のもとで、さまざまな資材や製品がヤミ市場に流出し、コルナイ（1984）のいう「不足の経済」の悪循環を深刻化する危機を深めることとなった。

資本主義世界では先進諸国から、インフレ恐慌ないしスタグフレーションの危機をうけて、産業技術の基本を高度情報化に転換して、各種の情報機器を消費生活にも職場にも普及させるとともに、国家の社会的規制や管理から資本や富裕層への負担と制約を解除する新自由主義的グローバル化を再生の軌道とする、発展モデルへの転換がすすめられた。これにたいし、ソ連型社会は、経済の摩滅の危機をうけて体制改革の必要が重視されるようになりながら、ゴルバチョフのペレストロイカ（建て直し）も、その集権的計画経済の体制と産業技術の基本の切り替えをともなう経済体制改革に容易にすすめなかった。レーニンが試みたような社会主義建設モデルの大胆な切り替えは、その後スターリン体制以降に高度に肥大化した党と国家の官僚支配の特権的な（赤い貴族とよばれた）ノーメンクラツーラ層の強固な既得権益にもとづく抵抗にあって、実現にふみださせなかったものと思われる。

その点では中国の改革開放路線への鄧小平による転換が、実はそれに先立つ毛沢東の文化大革命（一九六六～七六）による特権的支配層への破壊的影響により、いわば地ならしされ、容易とされていたことも対比的に注目されてよいところである。

ソ連では社会主義のペレストロイカが経済体制に容易におよぼされえないまま、職場での飲酒禁止のようなモラルに訴えての建て直しを図るにとどまり、その経済体制改革は市場社会主義への転換の可能性をふくめ後回しにされ続けた。ペレストロイカは、内容的には、むしろ情報公開や言論の自由、など民主化の要求に応ずる政治改革に重点をおくものとなっていった。その結果、むしろ多民族国家としてのソ連内や東欧諸国の民族自決への多年にわたる抑圧への反発を触発する傾向をうながし、やがて東欧革命とソ連解体を経て、ソ連型社会主義は崩壊するにいたった。

こうした二〇世紀型社会主義の先進的で代表的モデルとみなされていたソ連型社会主義の崩壊

をうけて、しかもそれにより勝利したかにみえた資本主義世界の中枢部に深まる多重危機のなかから、あらためてマルクスの思想と理論にもとづく、二一世紀型の社会主義にどのような可能性が探られつつあるか。次節では、その多様な試みを、理論的領域、社会主義の体制改革のゆくえ、および二一世紀型社会主義への新たな構想と潮流の三側面にわたり検討してゆこう。

3　二一世紀型社会主義の可能性

理論的可能性の省察

ソ連に代表されていた二〇世紀型社会主義は、生産手段の国有を基本とする集権的計画経済の理論モデルにしたがい、党・国家の官僚に権限を集中し、国家主義的管理のもとに、民主的な労働者の社会参加や自治を抑圧する傾向をともなっていた。ソ連圏内での民族自決権も抑制していた。その国家主義の維持には、ファシズム国家の進攻に防戦し、戦後の冷戦体制のもとでの軍事力による体制維持への外圧も大きな要因となっていた。とはいえ、その体制は、労働者革命を経たのちには、階級社会の維持、管理のための国家の役割は失われてゆき、国家は死滅に向かうとするマルクスの想定とは反する国家主義的特質が示されていた。

そこに国家と党官僚の特権的地位が、教育、昇進制度をつうじ世代をこえて継承される新たな階級社会が形成されたとするP・スウィージー（1980）の見解も提示されていた。この見解は、主要な生産手段の所有関係を階級社会の基本とみなすマルクスの階級諸社会の基本規定との関係で、なお疑問の余地もあり、なおマルクス学派の共通認識とはなっていない。とはいえ、二〇世紀型社会主義がソ連型に代表され、国家主義的で集権的特徴を示し、そのゆきづまりをめぐり、東欧諸国から民主化運動がくりかえし生じ、拡大していたことからも、これからの二一世紀型社会主義は、より分権的な労働者の民主的自治の社会的連帯を重視して、政治経済的な組織を形成してゆかなければならないと思われる。

そのため、ソ連型社会の変革を求める東欧改革派が依拠していたO・ランゲ（1936-37）やW・ブルス（1961）らにはじまる市場社会主義の多様な理論モデルが、これからの社会主義の有力な可能性を示すものとして、提起され続けている（たとえばローマー 1994）。それらの市場社会主義のモデルでは、生産手段の公有が社会主義の基本とみなされている。しかし、その公有形態は国有に限定されず、分権的な公的企業の形態が、ローマーでは株式会社までふくめて構想可能とされている。分権的な企業のあいだや企業と労働者のあいだには、雇用関係や消費手段の選択をふくめた市場経済が、計画経済と相互補完的な調整機構として役立てられるものと想定されている。

こうした市場社会主義の構想は、マルクスの著作に直接提示されていたとは思えない。とはいえ、新古典派経済学や古典派経済学が市場経済と資本主義経済を自然的な秩序としてほぼ同一視しているのにたいし、『資本論』の経済学は、さきにもふれたように市場経済を形成する基本的形態が、古くから共同体的社会のあいだに発生し存続していたことを理論的に重視し、労働力の商品化を基礎として、資本主義が市場経済を社会の内的な編成原理に転化した関係を明確にしている。それは資本主義をこえる協同社会にも市場経済の諸形態が、利用可能な側面を理論的に示唆しているとも読める。と同時に、市場社会主義の諸構想からすれば、社会主義の基本は、市場経済を社会的に統御しつつ、資本主義の基本前提とする生産手段の私有制とそのもとでの労働力商品化の止揚を実現する社会秩序をめざすことにおかれてよいこととなろう。

これにたいし、トロツキーの後継者として第四インターナショナルを理論的に指導していたE・マンデル（1986）は、いまや先進国では、食物、衣服などの消費は飽和状態にあり、基本的消費財、住居、電気、水道、教育、医療、公共交通などの必要量はかなりの程度、計画的生産と配分をおこないやすい条件がととのってきている。それゆえ、ソ連型の専制的労働管理と市場経済としか選択の道はないとするのは真実でなく、もうひとつの道は、民主的に連合した計画的自主管理にある、と主張していた。同様に、民主的参加型の計画経済こそ、資本主義をこえる代替的進路であるとする見解は、アメリカのマルクス学派における蓄積の社会的構造論（SSA理論）の理論家D・コッツ（2015）にも共有されている。そこでも、企業の社会的所有形態として、国有にかぎらず、広く地方自治体所有、労働者所有、協同組合的所有などの分権的諸形態が重視され、国家のみに権限が集中しないよう配慮されている。

こうした論議をつうじ、ソ連型社会が、その進路を唯一の科学的社会主義の方途とみなしていたことに反対しつつ、それにかわる代替モデルについても、ひとつの理想案に収斂するはずであるとする傾向が読みとれなくもない。しかし、ごく遠い将来の社会主義が類似の形態に収斂してゆく可能性も排除されないにせよ、さしあたり二一世紀型社会主義の可能性を検討する場合には、科学的社会主義として、唯一のモデルを提示しあい争うことに、さして意味はないのではなかろうか。社会主義の道はむしろ一つではないことを認めあい、民族自決の原則を尊重しあって、それぞれの社会の歴史的・現実的な条件にもとづき、働く人びとの民主的な決定により、その進路を選択する余地を広く考慮してゆくことが必要とされているのではなかろうか。

たとえば、レーニンが社会主義への道を、多ウクラード制、戦時共産主義、ネップと数年のうちに弾力的に切り替えてみせたように、多様な選択肢からのモデル変更の余地もまた、民主的決定の過程に許容されていてよいはずである。社会主義的計画と市場経済の利用とを、どのような分野に割り振って、組み合わせてゆくかという選択も、民主的に提起され、決定されてゆくことが望ましいであろう。

こうした配慮をたがいに尊重しつつ、社会主義経済の基礎単位となる企業の組織形態についても、また多様な選択肢が理論的に広く可能なものとして構想されてよいであろう。

ソ連型社会が基本としていた国有大企業中心の組織形態に代えて、分権的な公有形態の企業が、業種や産業の特性や、働く人びとの社会的協力関係の成長、発展に応じて、多様に組み合されてゆく可能性に、理論的魅力が増している。そのさい、たとえば国有企業、地方自治体の所有する企業、多様な公的所有形態のもとにおかれている株式会社企業、労働者および消費者の協同組合企業などの、異なる公的企業のしくみが、労働条件や実質所得での平等性と、人びとの自由な自治との社会主義的保障をどのようにして実現し、効率を高めてゆけるか。労働組合は、そのさいどのような役割を果たすことになるか。それらの問題についても労働力の商品化を廃止する基本課題を重視し、職業選択の自由を尊重しつつ、それぞれの社会の歴史的な条件に応じて、多様な組み合わせの選択肢が検討され、民主的に決定されてゆかなければならないであろう。

ことに、市場社会主義をこれからの社会主義の理論的可能性の選択肢に加えると、そこには理論的に分権的な自由な経営により、自治的な企業、地域、産業のあいだに、経済余剰の取得に差異が生じ、それをめぐり経済的な労働と資源の配分の再調整を実現することも必要とされる。

そこで、市場経済の変動をつうじ、生じうる経済生活上の不平等の社会的な是正の必要をふくめ、資本主義が社会主義に対抗しつつ試みてきた社会民主主義的な金融・財政政策の方策や福祉国家の制度が、教育、医療、年金などの公的支援や保障のしくみをふくめ、これからの社会主義にも十分に参照されてよいことになりうる。もっとも、生産手段の私的所有と労働力の商品化を基本前提とする資本主義の枠内では、それら社会民主主義的福祉国家の制度は、現代の新自由主義的資本主義のもとで大きく後退をよぎなくされているように、不安定性をまぬがれえない。そこで、集権的計画経済のみが社会主義の唯一の道とする見地からは、社会民主主義の政策は、社会主義に対立的な資本主義の不安定な補完物として、批判の対象とみなされがちであった。しかし、市場社会主義も有力な選択肢とするこれからの社会主義の観点からは、資本主義のもとでの社会民主主義的政策からも、継承されてよい理念や方策が読みとられ利用可能とされてよいはずである。

社会主義の体制改革とそのゆくえ

理論的な次元でのこうした検討を念頭に、つぎに現代世界に生じている体制改革の進展に考察をすすめてみよう。ここでは、社会主義をめざす国々の体制改革と新自由主義的な資本主義国のなかに生じている社会変革への新たな潮流の二面に、これからの社会主義への潜在的な可能性がどのように読みとれるかが問われる。

まず、ソ連型社会主義のゆきづまりと崩壊の過程で、世界的には社会主義をめざす国の多くが体制改革に向かったが、そのなかで、中国の体制改革はなにを意味しているか。資本主義世界の中枢部をなしてきた欧米日三極の先進諸国が新自由主義のもとで多重危機を深化させ、停滞と衰退を顕著としてきているのに代わり、世界経済のダイナミックな成長センターは、中国をはじめとするアジアの新興工業国の発展に移されてきた。とくに中国は、一九七八年以降の改革開放政策のもとで、高成長を続け、二〇一〇年には日本のＧＤＰ（国内総生産）を抜いて、アメリカにつぐ世界第二位の経済大国に成長している。そのイニシアティブのもとで、ユーラシア大陸に広がるシルクロード経済ベルト建設計画と、それへの国際金融機構としてのアジアインフラ投資銀行

（AIIB）の役割にも、世界の関心と協力がよせられつつある。

この中国の高成長は、社会主義的市場経済の建設を憲法（一九九三）の理念として掲げ、ほぼ八八〇〇万人（二〇一四）の党員を有する共産党の指導下におかれ、土地を全人民保有のもとにおき、重要な国有大企業を管制高地として保有し続け、少なくとも新自由主義的資本主義によるものとはいえない。一九九七年に香港がイギリスの統治から返還されたさいに、そこでの資本主義をも存続させる一国両制を宣言したが、中国本土にも経済特区からはじまった外資との合弁企業や私企業の群生をみており、その体制は全体としても一国両制的な多様で複雑なアマルガムの様相を呈している。それはレーニンのネップをより大規模に長期にわたり実験し、定着させつつあるとも考えられる。あるいはさらにさかのぼって、レーニンの革命直後の多ウクラード社会の構想に近いのかもしれない。全人民所有のもとにある土地にも長期にわたる責任請負制が認められ、利用権の売買も広がりつつある。いずれにしても、市場社会主義の現代的理論モデルのどれよりも複雑で変化に富む動態を中国の体制改革は示しつつある。

市場経済化と資本主義化とを同一視する新古典派的な見地では、中国は共産党の指導下にすでに資本主義化しているとみなされ、マルクス学派にもその解釈はかなり影響をおよぼしている。しかし、土地の全人民所有を前提に、社会的インフラ整備の大規模で継続的な推進を実現し、農村部にきわめて多くの中小郷鎮企業（労働者協同組合型の農村企業）を組織して、ひところほぼ一億人に達する就業者をそこに糾合し、さらにサブプライム恐慌の打撃にさいしても、農民層に手厚い所得再配分をおこない内需を維持し、大きく拡大した地域間や各地域内の貧富の差の是正を、重要な政策課題としつつ地方分権をすすめるなど、社会主義をめざす共産党政府にふさわしい特色も示してきている。

中国と同様、社会主義を標榜する体制改革をすすめているベトナムやキューバにも市場社会主義ないし、社会主義市場経済は普及しており、ことにキューバは、社会主義的な医療、教育などの平等な生活保障が充実していることで知られている。

これらの国々は、社会主義をめざしながら、市場経済への改革開放をつうじ、外資導入や貿易拡大をすすめ、資本主義先進国の新自由主義的グローバリゼーションの進展にも親和的な進路をとり、中国は二〇〇二年にWTO（世界貿易機関）にも加盟している。

いずれにせよ、中国、ベトナム、キューバ、その他の社会主義をめざす諸国における体制改革のゆくえが、たとえばいま香港に生じている民主化運動による混乱と矛盾をその発展にどのように活かし、社会主義的側面を保持し育ててゆくことができるか。その進路は、政治経済システムとしてもなお多くの危機や波乱をともないうるにせよ、二一世紀型社会主義の多様な可能性とその意義を広く世界的規模で探るうえで、注目してゆかなければならないところといえよう。

新自由主義的資本主義から新たな社会主義へ

他方、新自由主義的な資本主義諸国のなかからも、その多重危機の深刻化に応じ、新たな二一世紀型の社会民主主義と社会主義の可能性につうずる社会変革への興味ある有望な潮流がいくつか生じている。

第一に、新自由主義のもとで生じている格差の再拡大、ワーキングプアのような新たな貧困化、生活保護制度の機能不全などの深刻化にたいし、社会の全成員に無条件で配布されるベーシックインカム（BI、基本所得）の構想が、世界的な関心を集めるようになってきた。日本では、第3章の第3節でもふれたように、小沢修司（2002）による月額一人八万円のBI案が、そのための税源の検討とあわせ社会保障改革構想として提唱され、注目を集めるようになった。

二〇〇九年に政権についた民主党が、経済回復戦略の柱としてエコポイント制とあわせて実施した子ども手当ては、資力調査（ミーンズテスト）なしのBI構想への発端としても歓迎された。国家の行政や官僚による権力的な調査や判断を省き、従来の生活保障制度につきまとう恥辱（stigma）感をとりのぞき、自由、平等な生活権の保障を与えるBIによる所得再配分の発想は、さまざまなイデオロギーと接合する不思議な魅力をもっている。日本でもさまざまに異なる政党が、選挙公約にBIを組み込むようになってきた。安価で弾力的な非正規雇用を広く可能とする条件のひとつとして、財界の一部にも、さらに資本主義の基本を容認するリバタリアン（自由意志論者）にも、この構想を支持する論議はみられる。

とはいえ、BIに事実上重なる発想は、資本主義をこえて社会主義をめざす発想のなかにも育まれてきている。市場社会主義の古典的モデルを示したO・ランゲ（1936-37）にも、その発想は示されていた。西欧でのＢＩ構想の推進役を担ってきたＰ・パリース（1995）も、すべての人びとに真の自由を保障する道として、資本主義をこえる社会主義に期待し、資本主義の枠内での社会保障改革案としてのみ、その可能性を論じているのではない。ＢＩは、実際、さまざまな社会改革への連帯運動を容易にする基礎としても、また市場社会主義を有力な選択肢として資本主義をのりこえる構想の一環としても、世界や日本の左派の理論や運動において、支持を拡大してゆく可能性が大きいのではなかろうか。

第二に、前章第3節でも問題としたように、新自由主義的資本主義のもとで、深刻化している人間と自然の荒廃化にたいし、二〇〇九年に政権についたオバマ民主党政府が当初示していたグリーン・リカバリー戦略も、広く重要な影響を与えた。日本での民主党政権が試みたエコポイント制もその一例といえよう。実際、資本主義の促進してきた大規模な産業技術のもとで生じている地球温暖化や大規模な自然環境破壊にいかに対処し、後続世代に持続可能な自然環境をひきわたしてゆけるか、あきらかに新自由主義では解決不能と思われる深刻な課題をなしている。

ことに、二〇一一年の東日本大震災における東京電力福島第一原子力発電所の過酷事故が重要な衝撃を与え、脱原発に多くの国々がふみきり、自然環境にやさしい持続可能なソフトエネルギー開発に転換している。その経験は、資本主義をこえる、これからの社会主義の進路にも貴重な示唆を与えている。地球温暖化対策に向かう国際協力も、同様に長期的な視点で、資本主義企業の目先の利害を社会的に統御してゆく努力をすすめるとともに、それぞれの地域社会での地産地消的なエネルギー開発の試みを地道に協力して積み重ねてゆく実践を大いに必要としているといえよう。

第三に、そのような地域社会での相互扶助的な協力のしくみが、さまざまな組織形態で進展しつつある。そのひとつの重要な協力組織が、地域通貨による住民相互のサービスや生産物の交換のしくみである。

かえりみると、一九三〇年代の大恐慌の破壊的な打撃のもとで、S・ゲゼル(1916)による貨幣改革(貨幣を保蔵していると持ち越し費用がかかり、減価してゆくように変革する)構想も大いに参照されて、西欧諸国から世界各地に相互扶助的な地域通貨のしくみが広く試みられた。この第一波の地域通貨の多くは、当時、国家主義的なファシズムと有効需要政策としてのニューディール型金融・財政政策とによって禁圧されていった。

ところが、一九八〇年代以降の新自由主義的なグローバル資本主義のもとで、経済危機の克服の方策として、超国家的なユーロのような広域通貨も創出され、情報技術(IT)のインパクトをも介し、カード決済やプリペイドカードが多用され、さらにはビット・コインのような通貨代替システムも生みだされるかたわらで、地域社会の住民のニーズを満たすケアなどのサービス労働や生産物の相互扶助的交換システムとして、地域通貨が世界各地にふたたび大規模に広がる第二波の隆盛をみている。

すでに世界には、数千の地域通貨のしくみが数えられるともいわれ、日本にも五〇〇以上の実践例がある。その数からいって日本は世界的にも地域通貨大国であるとされる。政財界の一部にも、社会保障制度のゆきづまりと、高齢者や子供のケアの公的サービスがゆきとどかない地域社会のニーズを埋めるしくみとして、地域通貨の貢献に関心をよせるむきもあり、地方自治体や地域の商工会議所などもその組織化と普及に協力するケースも増えている。

多様な地域通貨のしくみには、オウエンに続く初期社会主義の思想や実験、さらにはマルクスの労働価値説にも学んで、一労働時間を一〇ドルと表示するイサカアワーやタイムダラーのように、不労所得の搾取関係を排除しようとする労働貨幣の構想の実現をめざしている事例もみられる。そのような構想とその実践をふくめ、地域通貨の試みには、あきらかに資本主義をのりこえる社会主義に接近する萌芽がふくまれ、それを社会的規模でいかに実現してゆけるかが、課題として提起されている。

第四に、労働者の協力と団結を連帯させて職場と生活条件を改善してゆき、資本主義の弊害を抑制し、のりこえてゆく可能性をひらく広義の労働者組合運動は、社会民主主義にとっても、それをステップとして、やがて労働力の商品化の廃棄を求めるこれからの社会主義にとっても、重要な主体的基礎を準備する意義を有するものと期待される。広義の労働者組合運動には、マルクスも期待していた二つの組織形態がある。そのひとつは賃金労働者の形成する労働組合であり、もうひとつは働く人びとの結束と出資にもとづく労働者協同組合組織である。

新自由主義的資本主義は、ＩＴ化により非正規労働者を激増させ、公企業を広く民営化して、正規雇用者を中心に組織してきた労働組合運動に大きな打撃を与えた。日本をふくむ先進国の多くでは、労働組合組織率が大きく低下し、労働組合運動をいかに再生させていけるかが、多くの働く人びとの生活の安定と向上のために重要な課題となっている。とくに日本では、従来の企業別組合の組織形態に生じている困難をめぐり、あらためて産業別、職能別組合や、さらには非正規労働者の個人加盟をうながすゼネラルユニオンの拡大にむけて、新たな労働組合運動への試みが促され期待されている。

そのかたわらで、働く人びとの平等な立場での協力を労働者協同組合企業として組織し、育てる試みも、世界的な潮流として新たな発展を示しつつある。その試みはスペインのモンドラゴンやイタリア各地に、広範な産業にわたり大規模な事業規模をともない展開されている。二〇一三年一一月の社会経済フォーラムで、ソウル市長朴元淳（パク・ウンスン）のイニシアティブのもとで、ソウル市で実践されつつある協同組合企業の成長に、地方自治体も協力する社会連帯経済への国際協力をよびかけた「ソウル宣言」（ソウル宣言の会編（2015））が採択され、世界的にも注目を集めている。

日本でもこれに呼応するかのように、二〇一一年の東日本大震災後の復興に、大手ゼネコンなどの大企業中心となりがちな国家の戦略に対抗し、漁業組合や農協、さらには地元の住民の結束による協力諸組織が、それぞれの地域社会のニーズに適した復興戦略を追求する運動をすすめてきた。大手ゼネコンの独占的支配への傾向に、中小の協同組合企業と労働者の組合運動を結集する独自の組織運動を形成してきた関西生コンが、こうした地域住民の復興への協同組合的結集に支援を続けている活動も注目に値する。さらに広く、日本各地に、シニア層や子どものケア、障害者の就労支援、ソフトエネルギーをふくむ地域社会の地産地消的な活力再生への住民の協力組織など、国家的な行政も大企業の営利活動も行き届かないニーズをうめる役割を担いつつ、労働者協同組合的諸企業が、新たに成長しつつある。

こうした労働者協同組合の活動は、さらに農協や漁協としての生産者協同組合、各種生協としての消費者協同組合とも広く連帯し、協同組合運動を社会経済生活の重要な基礎のひとつとし、資本主義的営利企業とは異なる発想で、社会連帯経済を地域社会から支えてゆく協力関係をあらためて拡大・強化する試みを、世界的な新たな潮流として生じつつある。その潮流はやがて労働組合運動の再活性化とも連携する可能性をふくんでいるにちがいない。

これら四つの新たな潮流をつうじ、日本をふくむ資本主義先進諸国にも、労働力の商品化にもとづき、人間と自然の危機的な荒廃をすすめてきた新自由主義的資本主義をのりこえる二一世紀型の社会民主主義と社会主義への可能性が探られつつある。それらをつうじ、二〇世紀型の社会主義と社会民主主義とが、競合しつつ（反発もしあい）、ともに国家の役割を重視する国家主義的傾向を顕著としていたのにたいし、二一世紀型の社会民主主義もそれをステップとする社会主義も、よりグラスルーツの分権的で参加型の社会組織や運動に多くを期待する傾向を示しつつある。

そうした傾向をともないつつ、（社会民主主義をふくむ）広義の社会主義を求め、新自由主義的資本主義に反対する政治革命を求める風潮が、このところ先進諸国にもひさびさにあいついで広がっている。二〇一五年にはギリシャでA・ツィプラスのひきいる急進左派連合が政権につき、新自由主義的な財政引き締めを強要するユーロ圏離脱を選択肢として提起した。同じ年、イギリス労働党は新自由主義に譲歩を重ねてきた中道路線と決別して、社会主義者を自認するJ・コービンを党首に選任した。そのことも影響して、イギリスは翌年、EU離脱を国民投票で決めている。二〇一五年一二月のスペインでの総選挙では、P・イグレシアスの指導する左派の新党ポデモス(われわれはできるという意味)が、一躍第三党におどりでて注目を集めた。

翌二〇一六年にかけて、民主党のアメリカ大統領候補として公然と社会主義政治革命を訴えたB・サンダースが、若い世代の支持を集め旋風のような大健闘を演じた。実際、ピュー・センターの世論調査によると、アメリカの一八〜二九歳の若者世代では、「社会主義に肯定的」と答えた比率が二〇一一年には四六%にのぼっている。むろん、サンダースの政治革命も内容上は当面、社会民主主義をめざすもので、オバマ大統領が当初意図していた方向を継承する広義の社会主義を課題としていた。二〇一八年一一月のアメリカでの中間選挙での民主党の下院での勝利にも、その方向に期待し続けている若い世代の協力の広がりとその可能性が読み取れる。

こうした欧米での新自由主義に意義をとなえ、反緊縮政策を求める新たな潮流の一部にL・W・レイ(2015)らによるMMT(modern monetary theory)が、国家と中央銀行の発行する通貨はインフレ・ターゲットの範囲内では、赤字財政を許容しつつ増発されうるはずであるとみなす見解が支持されつつある。それはケインズ理論の現代版ともいえるもので、日本の赤字国債累積やその延長上のアベノミクスの財政金融政策も典拠事例とされやすい。二〇一九年の参院選では、山本太郎らのれいわ新選組もこれに依拠して、消費税反対を主張し、注目を集めた。マルクス学派でも岡本英男（2014）、松尾匡（2019）らがこれを評価している。

しかし、MMTは、その基礎とする貨幣論に国定説的偏りをもち、ケインズ主義の延長上に公共事業優先的な日本のアベノミクスにいたる赤字財政容認論におちいるおそれもふくんでいる。少なくとも、MMTをめぐる議論も、新たな二一世紀型の社会民主主義と社会主義につうずる民衆運動を基盤として尊重し、その要請に内容的にこたえる民衆主導型で持続可能な人間と自然環境との再生産に役立つ諸政策にいかに貢献するか。それに要する財源として、一方で企業や富裕者を優遇し、他方で大衆課税としての消費税を導入し繰り返し増加し、経済格差を拡大してきた日本など新自由主義的税制を是正する方策との比較や補完関係の検討もふくめ、さらにその国家主義的な意義や有効性が問われるところがあるのではなかろうか。

いずれにせよ、先進諸国の多くでは、二一世紀型社会主義は、おそらく二一世紀型社会民主主義により新自由主義的資本主義をのりこえることから、新たな展望を開いてゆくステップをふんでゆかなければならないであろう。しかしそこにはまた、ロシア革命（一九一七）以来、長い年月をへて、まったくひさびさに先進国革命への萌芽が秘められているとも期待し、今後の社会主義政治変革の推移に注目してゆきたい。

新自由主義的資本主義が多重危機のもとに大きな転換期をむかえつつあるなかで、その根本をなす資本主義そのものにもいまやゆきづまりが深まり、その変革への可能性があらためてひらかれつつある。そこにふくまれる社会主義の未来への豊かな可能性の多様な模索や実践の試みに、マルクスの思想と理論を現代的に活かそうとする世界的協同作業にむけて、日本でも協力し検討を怠れない時代をむかえているのである。

おわりに

カール・マルクスの思想と理論には、多くの逆説がふくまれている。しかもそれらをつうじ、現代世界に人間と自然の荒廃を深めている多重危機の根源に体系的な考察を加え、その克服の方途を探るうえで、手放せない基本的問題が、幾重にも示唆されている。本書で点検してきたその不思議な魅力について、論点の若干の重複を恐れず、三つ問題群を例示的にかえりみて結語としよう。

第一に、マルクスのヒューマニズムをどのように理解するか。もともとヒューマニズムは、人間的な主体的活動性を尊重する思想で、中世末期からルネッサンス期にかけて宗教的世界観からの解放を求めてギリシャ・ラテンの古典にさかのぼる人文主義としてはじまり、それを徹底する市民的ヒューマニズムの頂点において、ヘーゲルの観念哲学を人間主義的唯物論に転換するフォイエルバッハの宗教批判が示されていた。マルクスの思想は、その学位論文以来、あきらかにこうした近代的ヒューマニズムの啓蒙思潮に立脚し、そこに出発点をおき形成された。

しかし、資本主義社会のもとで社会問題として広がりつつあったプロレタリア階級の抑圧と貧困をもたらすしくみやその解決の方途は、たんなるヒューマニズムの哲学や宗教批判で解明しうるものではなかった。マルクスは、そうした現実社会の問題に接して、出発点としていたドイツの古典哲学における啓蒙的ヒューマニズムの思潮に、フランスの社会主義思想やイギリスの古典派経済学の検討をも重ね合わせ、独自の世界観としての唯物史観を形成した。それにともないヒューマニズムを唯物史観にもとづく社会（主義）的ヒューマニズムへ発展させていったといえよう。

そのさい、唯物史観における、それぞれの社会の生産諸関係の土台に、社会的意識諸形態が対応し、「人間の意識がその存在を規定するのではなく、逆に、人間の社会的存在がその意識を規定するのである」（マルクス 1859, 邦訳一三ページ）という認識は、一見、人間に普遍的な主体的で自由な意識を尊重するヒューマニズムに反するようにも読める。その逆説的印象は、唯物史観における生産諸関係の発展変化をもたらす動因が物質的生産諸力の発展におかれていることで、いっそう深まりうる。

そこから、若きマルクスのヒューマニズムは、唯物史観を介し後期マルクスには自己清算されて継承されていないとする解釈も生じている。ソ連型マルクス主義は、生産諸力の高度化による生産諸関係の歴史的発展の必然性を強調して、こうした解釈に偏りがちであった。『ドイツ・イデオロギー』（1845-46）などの初期マルクスの重要草稿がなかなか公刊されなかったのも、そのためではなかったか。本書では、こうした解釈に抗して、後期マルクスは、初期マルクスが依拠していた抽象的人間主義の限界をこえて、人間の意識が社会関係に規定される側面を重視するようになりながら、なお人間に本来的な主体的活動性を社会生活やその変化の普遍的基礎として、一貫して重視する人間主義的思索をも大切に保持し深めており、むしろそうした逆説的にさえみえる重層的思索の奥の深さにこそ、マルクスの思想と理論に特有の魅力を読みとろうとしている。

たとえば『資本論』（邦訳③六一ページ）では、つぎのような直接的生産者の意識が、生産関係の土台と対応するとされている。すなわち。奴隷は労働日のうちみずからの生活を支えるのに要する必要労働までふくめ、全労働日を主人のための不払い労働と意識する。中世の農奴にとっては、領主の農園での賦役としての剰余労働は、自分の家族を養うための耕地での必要労働と空間的にも時間的にも感覚的に区分されている。これにたいし、資本主義のもとでの賃金労働者は、賃金率としての時給にもとづく「労働の価値」の支払いをうけるなかで、自分と家族を支えるために全労働日が必要で支払われているとみなし、剰余労働の痕跡は労賃に感じられない。にもかかわらず、『資本論』は、他方で、人びとが内的自然としての頭脳や手足の主体的力能を発揮して、外的自然との物質代謝を媒介する労働過程をおこなうことが、あらゆる社会形態をつうじ、経済生活の普遍的で原則的基礎をなしており、資本主義にいたる階級諸社会では、労働過程で支出される労働時間が、必要労働と剰余労働とに分かれ、剰余労働がそれぞれの支配階級に搾取される関係にあることも解明していた。

こうしてマルクスの経済理論の基礎をなす労働価値説は、あきらかに人間に普遍的な主体的力能を経済生活の基礎として重視する、ヒューマニズムの理論的深化を示すところと読みとれる。

本書第1章の第4節でみたように、むしろその観点から補整したい論点も残していたのではないか。唯物史観における生産諸力の発展にしても、現代的には、人間と自然の荒廃化をもたらす作用を制御し選択肢を民意に問うべきヒューマニスティックな配慮が求められているところがあって、たんなる技術的で社会関係から中立的な経路のみが想定されてはならないであろう。

第二に、マルクスに独自な唯物史観と主著『資本論』の経済理論との相補関係をどのようにみるか。

本書でみたように、マルクスの思想と理論の形成過程からみれば、唯物史観とそれにもとづく共産主義ないし社会主義の思想がさきに明確にされてゆき、それを「導きの糸」として、三一歳でロンドンに亡命移住した後に主著での理論体系の形成に向けての本格的な準備作業が始められている。

そのためもあって、『資本論』の経済理論は、社会主義思想による唯物史観を方法論的前提とするイデオロギー的理論であるとみなされやすい。非マルクス学派からそう論難されるだけではない。ソ連型マルクス主義経済学は、むしろそれを労働者階級の立場に立ったみずからの理論の特性とみなし、ブルジョア経済学としての古典派や新古典派経済学と対峙する傾向も示していた。たしかに、古典派や新古典派の経済学が、資本主義的市場経済のしくみを自然的自由の秩序とみなして、その歴史的特性の解明を経済学の理論の課題から除外しているのにたいし、マルクスの経済理論は終始、商品経済とそれにもとづく資本主義経済の特殊歴史性を追究している。そうした課題設定に、先行して形成された社会思想や唯物史観が「導きの糸」として役立てられたことに疑う余地はない。

とはいえ、その課題にそって資本主義経済のしくみと運動法則を体系的に解明してゆくマルクスの経済理論は、思想的には異なる重商主義者、重農主義者、古典派経済学など先行学説の成果と限界を、史実と論理にしたがい学問的な客観的考察として点検する作業をつみあげて構成されていった。その内容は、唯物史観を方法的に前提すれば、そこから導けるものとはみなしえない。その過程で、異なる学派の政策思想とその基礎とされる資本主義経済についての客観的な科学的理論的認識との区別と関連も解明され、異なる思想をこえて継承される理論的成果も確定されていった。

その意義を宇野弘蔵（1962）は重視し、当時支配的であったソ連型マルクス主義経済学に対抗しつつ、マルクスにおける思想と理論、社会主義イデオロギーと社会科学としての『資本論』の経済学との役割ないし課題の峻別を強調していた。本書は、その方法論を継承している。しかし同時に他方で、そこに含意されていたと思われる唯物史観とそれにもとづく社会主義にとっての『資本論』の経済理論の有する相補関係についても、考察を深めようと試みている。

たとえば、『資本論』においても（そのエッセンスを宇野が「純粋の資本主義社会」を想定して圧縮して再構成した『経済原論』（1964）においても）、資本主義経済のしくみの解明を主題としつつ、そこに人類史の総体につうずる経済生活の原則的基礎としての人間的労働過程の意義や、剰余労働の役割に視野が広げられており、さらに古くから共同体的諸社会のあいだの交易に商品経済の諸形態が生じていたことも、明示されていた。そこにも唯物史観としての人類史の雄大な総括に、『資本論』の経済理論が学問的裏付けを与える補完関係が認められてよい。と同時に、その理論体系には、唯物史観に依拠してきた社会主義のモデルの多様化やそれらの構想の現代的再考にも、幾重にも学問的示唆を与えているのではないか。本書は、こうした論点にも興味をよせ、検討をすすめてきた。

第三に、マルクスの思想と理論は、現代世界の劇的変動と多重危機との文脈でも、逆説的な相貌を提示している。

「はじめに」でも述べたように、多くの人が予期しなかった時期に、マルクス主義に立脚していたソ連が崩壊した。それにともない資本主義市場経済の勝利が確定されて、マルクスの思想と理論は使命を終えたとみなす、たとえばF・フクヤマ（1992）らの見解が有力視された。しかし、その見方も定着せずむしろ裏切られる。

ことに一九八〇年代以降の新自由主義的資本主義は、社会的諸規制から解き放たれてグローバルな競争的発展をすすめるなかで、その中枢部の先進諸国に、経済成長の衰退、ＩＴ化による生産性向上に見合わない実質賃金の停滞、雇用の非正規化、経済格差の再拡大、サブプライム世界恐慌にいたる不安定なバブル崩壊の反復、緊縮政策による福祉削減をつうじ、少子化と地球温暖化に象徴される人間と自然の荒廃化を連鎖的に深めている。資本主義は勝利したとはいえず、その未来に閉塞感が深まっているのである。
それに加え、ソ連型社会主義に代表されていた二〇世紀型社会主義のゆきづまりと崩壊が、資本主義と社会主義にわたる双対的危機として、世界的な歴史の進路への閉塞感をさらに強めている。

こうした広範な多重危機は、おそらく新古典派経済学では総括も分析も十分にはできないであろう。現代資本主義と二〇世紀型社会主義との双対的多重危機の解明にも、それらの危機をのりこえる方途の再考にも、あらためてマルクスの思想と理論が考察基準と希望の原理として求められ再吟味される必要が、時代の要請としてほんとうに切実になってきているのではなかろうか。

本書は、こうした問題関心や想いを世界中で共有しつつ、マルクス生誕二〇〇年を記念するイベント、報告、討論、執筆、出版などに参加した数知れない批判的知性の仲間を思いうかべつつ、あつい連帯感をもって書きすすめられた。第6章の最後にもふれたように、そこには新自由主義に反対する若い世代の社会主義政治革命を求める連帯運動がひさびさにギリシャ、スペイン、イギリス、アメリカなどの社会を大きく揺り動かしつつあることへの期待感もむろんふくまれている。それらにくらべ、社会主義政治革命への関心が容易に回復しない日本にもやがてその動向は伝播しないはずはないとひそかに信じつつ。

本書は、もともとマルクス生誕二〇〇周年を記念して月刊誌『科学的社会主義』に、二〇一八年の一月号から一一月号まで、柴戸善治編集長の助言をえて隔月六回シリーズで連載した論稿をもとに、拡充し、再構成してしあげたものである。その雑誌の母体をなしている社会主義協会は、各地域の支部でこの連載企画に注目し、これにもとづくマルクス生誕二〇〇周年記念講演会を、旭川（九月）、大阪（一〇月）、徳島（一二月）などで開催し、報告・討論に招いてくれた。それらの講演会に参集された大勢の方々に接し、その熱意とご意見も本書の準備にはげましとなった。月一度の読書会木曜塾での仲間の野崎佳伸氏には、それらの講演会の企画や連絡でもお世話になった。

青土社編集部の菱沼達也氏には、雑誌に連載した論稿を本書にとりまとめる過程で、論点の拡充、小見出しの追加、文献の整備、校正などの諸段階にわたり、ゆきとどいたご注意やご配慮をいただいた。お世話になったこれらの方々に、ここにあらためて心から厚くお礼を申し述べておきたい。

二〇一九年師走

伊藤　誠

文献一覧

伊藤誠（2006）、『『資本論』を読む』講談社学術文庫。

伊藤誠（2010）、『現代のマルクス経済学』（伊藤誠著作集第1巻）社会評論社。

伊藤誠（2010）、『逆流する資本主義』（伊藤誠著作集第4巻）社会評論社。

伊藤誠（2012）、『現代の社会主義』（伊藤誠著作集第6巻）社会評論社。

伊藤誠（2016）、『マルクス経済学の方法と現代世界』桜井書店。

伊藤誠（2017）、『資本主義の限界とオルタナティブ』岩波書店。

伊藤誠（2018）、『入門 資本主義経済』平凡社新書。

宇野弘藏（1953）、『恐慌論』岩波書店。（岩波文庫、二〇一〇年）。

宇野弘藏（1957）、「『資本論』と社会主義」『経済評論』四月号。

宇野弘蔵（1962）、『経済学方法論』東京大学出版会。

宇野弘蔵（1964）、『経済原論』岩波全書。（岩波文庫、二〇一六年）。

宇野弘蔵（1971）、『経済政策論』改訂版、弘文堂。

大内力（1970）、『国家独占資本主義』東京大学出版会。

岡本英男（2014）、「福祉国家と機能的財政――ラーナーとレイの議論の考察をつうじて」、Newsltter『宇野理論を現代にどう生かすか』第26巻3号。

置塩信雄（1977,87）、『マルクス経済学』Ⅰ、Ⅱ、筑摩書房。

国立社会保障・人口問題研究所編（2016）、『人口の動向――世界と日本』厚生労働統計協会。

五島茂・坂本慶一編（1980），『オウエン、サン・シモン、フーリエ』世界の名著42、中央公論社。

小沢修司（2002），『福祉社会と社会保障改革』高菅出版。

柄谷行人（2015），『世界史の構造』岩波現代文庫。

塩沢君夫（1970），『アジア的生産様式論』御茶の水書房。

城塚登（1970），『若き日のマルクスの思想』勁草書房。

ソウル宣言の会編（2015），『「社会的経済」って何？』社会評論社
ソ同盟科学院経済学研究所（1954），『経済学教科書』マルクス・レーニン主義普及協会訳、4分冊、合同出版、一九九五年。

中野理（2017），「マルクスの変革ビジョンと労働者協同組合」『科学的社会主義』七月号。

中谷巌（2012），『資本主義以後の世界』徳間書店。

松尾匡（2019），「反緊縮のマクロ経済政策諸理論とその総合」『経済学雑誌』一一九巻二号。

水野和夫（2014），『資本主義の終焉と歴史の危機』集英社新書。

古沢広祐（2016），「エコロジー危機と現代社会」唯物論研究協会編『文化が紡ぐ抵抗／抵抗が鍛える文化』大月書店。

八尾信光（2012），『21世紀の世界経済と日本』晃洋書房。

山川均（1956），「社会主義への道は一つではない」『中央公論』一二月号。

渡辺寛（1963），『レーニンの農業理論』御茶の水書房。

Anderson, K. B. (2010), *Marx at the Margins: On Nationalism, Ethnicity and Non-Western Societies*, 平子友長監訳明石英人・佐々木隆治・斎藤幸平・隅田聡一郎訳『周縁のマルクス』社会評論社、二〇一五年。

Betteleheim, C. (1974,77,82,83), *Les Luttes de Classes en USSR*, 高橋武智・天羽均・杉村昌昭訳『ソ連の階級闘争』

第三書館、一九八七年。
Bidet, J. (2009), *Exploring Marx's Capital.*
Braverman, H. (1974), *Labor and Monopoly Capital*, 富沢賢治訳『労働と独占資本』岩波書店、一九七八年。
Brus, W. (1961), *Ogolne problemy funkcjonowania gospodarski socjalistycznej*. 鶴岡重成訳『社会主義の機能モデル』合同出版社、一九七一年。
Delidda, J. (1994), *Specters of Marx*, 増田一夫訳『マルクスの亡霊たち』藤原書店、二〇〇七年。
Engels, F. (1882), *Die Entwicklung der Sozialismus von der Utopie zur Wissenschaft*, 寺沢恒信・山本二三丸訳『空想から科学へ』国民文庫 一九五三年。
Feuerbach, L. (1841), *Das Wesen des Christentums*, 船山信一訳『キリスト教の本質』(上下)、岩波文庫、一九六五年。
Fourier, F. M. C. (1829), *Le Nouveau Monde Industriele et Sociètaires*, 田中正人訳『産業的協同社会的新世界』(「世界の名著」42, 中央公論社、一九八〇年、所収)。
Fukuyama, F. (1992), *The End of History and the Last Man*, 渡部昇一訳『歴史の終わり』三笠書房、一九九二年。
Gesell, S. (1916), *Die natürliche Wirtschaftsordnung durch Freiland und Freiegeld*, 相田愼一訳『自由地と自由貨幣による自然的経済秩序』ぱる出版、二〇〇七年。
Grossmann, H. (1929), *Akkumulations- und Zusammenbruchsgesetz des kapitalistishen Systems*, 有沢広巳・森谷克巳訳『資本の蓄積並びに崩壊の理論』改造社、一九三二年。
Hayek, F. A. ed. (1935), *Collectivist Economic Planning*, 迫間真治郎訳『集産主義計画経済の理論』実業之日本社、一九五〇年。
Hilferding, R. (1904), *'Böhm=Bawerk's Marx-Kritik'*, 玉野井芳郎・石垣博美訳『マルクス経済学研究』法政大学出版局、一九五五年、所収。

Hilferding, R. (1910), *Das Finanzkapital*, 林要訳『金融資本論』大月書店、一九五二年。
Hobsbawm, E. (2011), *How to Change the World*, 水田洋監訳、伊藤誠・太田仁樹・中村勝己・千葉伸明訳『いかに世界を変革するか』作品社、二〇一七年。
Howord, M. C. and King, J. E. (2008), *The Rise of Neoliberalism in Advanced Capitalist Economies*.
Kornai, J. (1984), *Selected writings of Janos Kornai*, 盛田常夫訳『「不足」の政治経済学』岩波書店、一九八四年。
Kotz, D. (2015), *The Rise and Fall of Neoliberal Capitlism*.
Laing, S. (1844), *National Distress; its causes and remedies*.
Lange, O. (1936-37), 'On the Economic Theory of Socialism', in: *Review of Economic Studies*.
Lenin, V. I. (1914), 'Karl Marx', 大塚弘訳『カール・マルクス』岩波文庫、一九三三年。
Lenin, V. I. (1917), *Imperialism*, 宇高基輔訳『帝国主義』岩波文庫、一九五六年。
Luxemburg, R. (1899), *Sozialreform oder Revolution*?
Luxemburg, R. (1913), *Die Akkumulation des Kapitals*, 長谷部文雄訳『資本蓄積論』上・中・下、青木文庫、一九五二〜五五年。
Malthus, T. R. (1798), *An Essay on the Principle of Population*, 永井義雄訳『人口論』中公文庫、一九七三年。
Mandel, E. (1972), *Der Späetkapitalismus*, 飯田裕康・的場昭弘・山本啓訳『後期資本主義』Ⅰ・Ⅱ・Ⅲ、柘植書房、一九八〇〜八一年。
Mandel, E. (1986), 'In Defence of Socialist Planning' , *New Left Review* no.159.
Marx, K. (1841), 'Differenz der demokritischen und epikureischen Naturphilosophie nebst einem Anhange', 岩崎允胤訳「デモクリトスとエピクロスの自然哲学の差異」『マルクス・エンゲルス全集』大月書店、第40巻、一九七五年、所収。
Marx, K. (1844), *Ökonomisch-politische Manuscript*, 城塚登・田中吉六訳『経済学・哲学草稿』岩波文庫、一九六

四年。
Marx, K./Engels, F. (1845), *Die Heilige Familie*, 石堂清倫訳『聖家族』『マルクス・エンゲルス全集』第2巻、大月書店、一九六〇年。
Marx, K./Engels, F. (1845-46), *Die Deutsche Ideologie*, 廣松渉編訳・小林昌人補訳『ドイツ・イデオロギー』岩波文庫、二〇〇二年。
Marx, K. (1847), *Das Elend der Philosophie*, 平田清明訳『哲学の貧困』『マルクス・エンゲルス全集』第4巻、大月書店、一九六〇年。
Marx, K. /Engels, F. (1848), *Manifest der Kommunistischen Partei*, 大内兵衛・向坂逸郎訳『共産党宣言』岩波文庫、一九五一年。
Marx, K. (1857-58), *Grundrisse der Kritik der Politischen Ökonomie*, 資本論草稿集翻訳委員会訳『資本論草稿集』①〜③（『経済学批判要綱』Ⅰ〜Ⅲ）、大月書店、一九八一年。
Marx, K. (1859), *Zur Kritik der Politischen Ökonomie* (Erstes Heft), 武田隆夫・遠藤湘吉・大内力・加藤俊彦訳『経済学批判』岩波文庫、一九五六年。
Marx, K. (1867,85,94), *Das Kapital*, I, II, III, 岡崎次郎訳『資本論』国民文庫①〜⑨、一九七二年。
Marx, K. (1875), *Randglossen zum Programm der Deutschen Arbeiterpartei*, 望月清司訳『ゴータ綱領批判』岩波文庫、一九七五年。
Meadows, D. H. et al. (1972), *The Limit to Growth*.（大来佐武郎訳『成長の限界』、ダイヤモンド社、一九七二年）。
Parijs, P. (1995), *Real Freedom for All*.『ベーシックインカムの哲学』後藤玲子・斉藤拓訳、勁草書房、二〇〇九年。
Piketty, T. (2014), *Capital in the Twenty-First Century*, 山形浩生・守岡桜・森本正史訳『21世紀の資本』みすず書房、二〇一四年。
Polanyi, K. (1922) 'Sozialistische Rechnungslegung', in: *Archiv fur Sozialwissenschaft und Sozialpolitik*, 49(2). Traslated by A.

Fischer, D. Woodruff, and J. Bockman, in: *Theory and Society*, 45, 2016., 橋本剛訳「社会主義経済計算」、村岡到編『原典社会主義経済計算論争』ロゴス社、一九六六年、所収。
Polanyi, K. (1944), *The Great Transformation*, 吉沢英成・野口健彦・長尾史郎・杉村好美訳『大転換』東洋経済新報社、一九七五年。
Ricardo, D. (1817), *On the Principles of Political Economy and Taxation*, 堀経夫訳『リカードゥ全集Ⅰ　経済学および課税の原理』雄松堂、一九七二年。
Roemer, J. E. (1994), *Future for Socialism*. 伊藤誠訳『これからの社会主義』青木書店、一九九七年。
Rubin, I. I. (1928, 英訳版 1972), *Essays on Marx's Theory of Value*,（ロシア語一九三〇年版による）竹永進訳『マルクス価値論概説』法政大学出版局、一九九三年。
Sant-Simon, C.-H. de R. (1823-24), *Catéchisme Politique des Industriels*, 坂本慶一訳『産業者の教理問答』（世界の名著』42、中央公論社、一九八〇年、所収)。
Smith, A. (1776), *An Inquiry into the Nature and Causes of Wealth of Nations*, 大河内一男監訳『国富論』(1) - (3)、中公文庫、一九七八年。
Sraffa, P.(1960), *Production of Commodities by Means of Commodities*, 菱山泉・山下博訳『商品による商品の生産』有斐閣、一九六二年。
Sweezy, P. M. (1980), *Post-Revolutionary Society*, 伊藤誠訳『革命後の社会』社会評論社、一九九〇年。
Wray, L. R. (2015), *Modern Monetary Theory*, 島倉原監訳鈴木正徳訳『MMT現代貨幣理論入門』東洋経済新報社、二〇一九年。

著者　伊藤誠（いとう・まこと）

1936年生まれ。東京大学名誉教授、日本學士院会員。東京大学経済学部教授、國學院大學経済学部教授、国士舘大学大学院グローバルアジア研究科教授を歴任。宇野弘蔵の後継者として6冊の英文著書があり国際的評価も高い。2012年にThe World Association for Political Economy, Marxian Economics Awardを、2016年に経済理論学会・ラウトレッジ国際賞をそれぞれ受賞。おもな著書に『価値と資本の理論』『資本主義経済の理論』『資本主義の限界とオルタナティブ』（岩波書店）、『信用と恐慌』（東京大学出版会）、『逆流する資本主義』（東洋経済新報社）、『現代の社会主義』『『資本論』を読む』（講談社学術文庫）、『経済学からなにを学ぶか』『入門資本主義経済』（平凡社新書）、『マルクス経済学の方法と現代世界』（桜井書店）、『サブプライムから世界恐慌へ』（青土社）、『伊藤誠著作集』全6巻（社会評論社）など。共編著に『21世紀のマルクス』（新泉社）などがある。

マルクスの思想と理論

2020年1月20日　第1刷印刷
2020年1月30日　第1刷発行

著者――伊藤 誠

発行人――清水一人
発行所――青土社

〒101-0051　東京都千代田区神田神保町1-29　市瀬ビル
［電話］03-3291-9831（編集）　03-3294-7829（営業）
［振替］00190-7-192955

印刷・製本――シナノ印刷

装幀――水戸部功

Printed in Japan
ISBN978-4-7917-7247-6 C0033